Guía esencial de
MITOLOGÍA

Guía esencial de
MITOLOGÍA

Alessandra Bartolotti

© 2021, Redbook ediciones

Diseño de cubierta: Regina Richling

Diseño de interior: Quim Miserachs

Fotografías: Wikimedia Commons / Archivo APG

ISBN: 978-84-9917-643-7

Depósito legal: B-8.851-2021

Impreso por Reprográficas Malpe, S.A. c/ Calidad, 34, bloque 2, nave 7 Pol. Ind. "Los Olivos" 28906 Getafe Madrid

Impreso en España - *Printed in Spain*

Índice

1. Introducción

Hoy día, en el habla común, «mito» significa una cosa irreal o increíble. Para los antiguos, en cambio, el mito tenía un significado objetivo, dinámico, y de vinculación directa con la realidad. En su origen todos los mitos servían para dar una explicación verosímil a los fenómenos naturales y cósmicos: el ciclo de las estaciones, el del día y la noche, el de la vegetación, la vida y la muerte, los acontecimientos históricos... Al mismo tiempo la mitología, bien fuese egipcia, griega, romana, india, nórdica, etc., atendió durante milenios a funciones morales, didácticas e iniciáticas.

A través de los relatos mitológicos se expresan la filosofía y los conceptos propios de una civilización, un pueblo, una época, traducidos en imágenes, figuras, situaciones, narraciones, aventuras, lugares o abstracciones... Además, estos personajes nacidos de la imaginación de los mitógrafos antiguos manifiestan las exigencias profundas del alma humana, los sentimientos, las aspiraciones, los sueños de nuestros antecesores. Los relatos mitológicos describen conductas que no han variado en absoluto con el tiempo; al leerlos siglos después de que fuesen concebidos, nos damos cuenta de no ha cambiado mucho el hombre y le mueven los mismos motivos de siempre: el amor, la amistad, el odio, la venganza, la ambición, los celos...

Los mitos continúan entre nosotros

Las heroínas y los héroes míticos dejan huella en la imaginación del hombre y de ahí que hayan sido inspiradores de doctrinas religiosas, leyendas, costumbres, supersticiones, cuentos infantiles, poesías. También inspiraron la tragedia clásica e infinidad de obras de arte.

Convertidos en símbolos que se transmitieron de generación en generación, han quedado grabados para siempre en la memoria de la humanidad. De esta manera, hondamente arraigados en el imaginario humano, perduran los mitos con una vitalidad extraordinaria. Nacen, viven, evolucionan con las épocas y los países, sobreviven bajo nombres o aspectos distintos. Pero siempre vuelven a aparecer rodeados de su aura de leyenda, capaces de maravillarnos y de poblar nuestros sueños. ¡También perduran en las raíces de muchas de las palabras que utilizamos a diario! Los relatos aventureros o fantásticos de la mitología hacen vibrar una cuerda sensible en el fondo del psiquismo humano. Despiertan o mantienen el afán de superación que distingue al ser humano de los animales, y satisfacen la sed de lo maravilloso, cuyas raíces retrotraen a los orígenes de la humanidad, a ese «grano de locura» que se esconde siempre en el fondo del alma humana. Por eso nunca dejan de estar de actualidad, y el hombre moderno se reconoce a sí mismo en esos personajes legendarios.

De aquí que el tema del héroe mitológico y sus hazañas se repita constantemente. Para citar sólo un ejemplo de protagonista legendario, es posible que Hércules sea para usted un desconocido, pero ha reencarnado infinidad de veces en esos barbianes dotados de valentía sobrehumana e intrepidez sin límites de películas y series de televisión de todos los países, capaces de salir airosos de las misiones más imposibles... Y ahora no llevan carro volador tirado por bestias fabulosas, pero sí coches y helicópteros equipados con los adelantos más sofisticados de la electrónica, o transbordadores cósmicos con los que realizan las piruetas más inverosímiles en los espacios siderales. Y hay aparatos inteligentes, a veces incluso dotados de palabra y susceptibles de sentir emociones casi humanas. En cuanto a las diosas griegas, descendientes de las grandes deidades femeninas cretenses, adoradas en Delos, Delfos, Eleusis, bien sean caracterizadamente femeninas, tiernas o ferozmente celosas, frecuentadoras de las alcobas celestiales, amantes o indiferentes, sumisas o rebeldes, brujas o encantadoras..., ¿acaso no describen a la mujer de todos los tiempos, el eterno femenino bajo todos sus aspectos? Ellas tuvieron sobre los dioses la misma influencia beneficiosa o nefasta que la mujer moderna ejerce sobre el hombre del siglo XX y siguen fascinándonos bajo sus disfraces de heroína «biónica», amazona de los tiempos modernos y otras criaturas imaginarias generosamente ofrecidas a través de las pequeñas pantallas. ¡Muchos héroes mitológicos se presentan dotados de rasgos específicos de los temperamentos que describe la caracterología moderna, o pueden identificarse en su comportamiento las tendencias neuróticas o psicóticas que postula el psicoanálisis!

Este libro constituye un vínculo entre el mundo invisible y el mundo visible que aprehende a diario nuestros sentidos. Habla en un lenguaje esotérico, el de nuestros remotos antepasados, que ha ido sedimentando poco a poco en el depósito de la memoria que Jung llamó el inconsciente colectivo, fondo común de toda la humanidad, herencia rica y preciosa en la que podemos sumergirnos para extraer de ella, tal vez, el conocimiento, puesta así en nuestras manos la sabiduría de los antiguos.

2. Mitología
GRIEGA Y ROMANA

ACIS, hijo de Fauno y de la ninfa Simetis, fue pastor siciliano amado por Galatea, la deseada a su vez por el cíclope Polifemo. Sorprendido cierto día en compañía de su bienamada, murió aplastado por una roca del Etna. La desconsolada Galatea suplicó justicia a Poseidón, quien metamorfoseó al cíclope en el río que corre al pie del volcán. Parece que el mito trata de explicar un fenómeno volcánico tal como la proyección de grandes bloques de piedra. También recuerda la población de Aci-Reale, situada al pie del Etna y junto a la desembocadura de un río, el Aci, tal vez el llamado con anterioridad Xiphonia.

ACRÓPOLIS, de *akron*, cima, y *polis*, ciudad, parte alta de la ciudad antigua, por oposición a la parte baja. Fortaleza y recinto sagrado al mismo tiempo, servía de ciudadela, de refugio ante las invasiones enemigas, y se emplazaban en ella los templos. Las más conocidas del mundo antiguo son las de Micenas, Tirinto, Argos, Corinto, pero la más célebre de todas era la de Atenas, peñón aislado

de cima ovalada adonde antiguamente se accedía por un sendero escarpado y muy sinuoso. Allí se veneraba la excavación realizada por Poseidón con un golpe de su tridente... de donde nació el olivo de Atenea. A la primera señal de alarma los habitantes se refugiaban allí en caso de invasión para defenderse y defender los santuarios de los dioses. En Asia cabe citar las de Pérgamo y Troya. En Italia, la de Roma, desde donde interrogaban el vuelo de los pájaros.

ACTEÓN, que habita la orilla, hijo de Autónoe y del pastor Aristeo, y nieto de Cadmo, fue criado por el centauro Quirón y se hizo un famoso cazador. Con una jauría de cincuenta perros recorría campos y bosques en busca de piezas; fue durante una de estas expediciones cuando sorprendió a Ártemis desnuda, que se bañaba en un río. En vez de alejarse la contempló con descaro, lo cual irritó a la vengativa diosa, quien lo metamorfoseó en ciervo y murió devorado por sus propios perros. Es mito de eterno retorno que quiere explicar el fenómeno del invierno; los cincuenta perros representan los cincuenta días durante los cuales la vegetación, simbolizada por Acteón, parece completamente muerta. En un plano más elevado la desnudez de Ártemis, diosa de los bosques, de los lugares vírgenes, simboliza «la verdad desnuda» que alguno quizá no sea capaz de asumir después de haberla visto. Esta verdad se halla en relación con las fuerzas femeninas negativas («anima» negra) que absorben, consumen y destruyen la vitalidad; con lo cual este mito no anda muy lejos del de Eva en el Paraíso terrenal, en donde la conciencia de la desnudez también precede a la caída.

ADONIS, el Señor, nacido del incesto de Mirra (o Esmirna) con su padre Ciniro, rey de Pafos y de Chipre con quien se acostó a oscuras haciéndose pasar por la reina después de haberlo embriagado su ama nodriza. Oriundo de Siria, más tarde se trasladó a Biblos de Fenicia, donde fue visto por Afrodita en el curso de una cacería, y concibió una violenta pasión por el bello adolescente. Entonces el dios

Ares, que andaba enamorado de ella, presa de celos envió un gran jabalí que atacó a Adonis y lo hirió de muerte. De su sangre hizo Afrodita la anémona, flor temprana y tan efímera como la misma vida del joven dios. Llegado a los Infiernos, Adonis inspiró intenso amor a Perséfone, la esposa de Hades; en la tierra, al mismo tiempo, Afrodita suplicaba a Zeus que devolviese la vida a su amante. Deseoso de mostrarse justo, el rey de los dioses decidió que Adonis pasaría seis meses al año en el submundo, acompañando a Perséfone, y los otros seis en tierra con Afrodita (al menos, según una de las numerosas versiones de la leyenda). Los griegos celebraban las adonías, fiestas que conmemoraban la muerte de Adonis y duraban ocho días. Las mujeres exponían imágenes del dios en las calles y realizaban ritos funerarios acompaña dos de himnos de duelo o adonideos, que se cantaban al son de la flauta fenicia. En Alejandría se colocaba su imagen sobre un lecho de plata, entre flores efímeras puestas en preciosos vasos, disposición que recibió el nombre de «jardines de Adonis». A tal extremo va unida su leyenda a las plantas, que los botánicos especializados en cultivos de huerta y jardín se llamaban adonistas, y una planta cardiotónica utilizada contra la ateromatosis y la hipertensión se llamó hierba de Adonis (adonis vernalis). La leyenda de Adonis es el mito de la muerte y la resurrección que manifiesta el misterio del ciclo de las estaciones; Perséfone en su morada subterránea figura el sueño invernal y Afrodita, el triunfo del amor y de la vida que retorna a la tierra con la primavera.

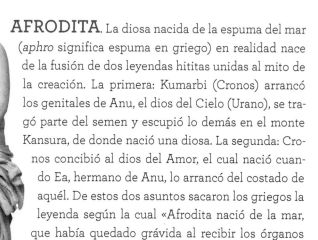

AFRODITA. La diosa nacida de la espuma del mar (*aphro* significa espuma en griego) en realidad nace de la fusión de dos leyendas hititas unidas al mito de la creación. La primera: Kumarbi (Cronos) arrancó los genitales de Anu, el dios del Cielo (Urano), se tragó parte del semen y escupió lo demás en el monte Kansura, de donde nació una diosa. La segunda: Cronos concibió al dios del Amor, el cual nació cuando Ea, hermano de Anu, lo arrancó del costado de aquél. De estos dos asuntos sacaron los griegos la leyenda según la cual «Afrodita nació de la mar, que había quedado grávida al recibir los órganos sexuales cortados a Urano». Transportada por las olas, o en alas del viento Céfiro (del Oeste), arribó a la costa de Chipre y fue recogida por las Horas, que la condujeron adonde los Inmortales acompañada del Amor (Eros) y el Deseo (Himeros). Su belleza y la gracia y seducción que rebosaba su persona encantaron a todos los dioses, aunque provocaron los celos de las demás diosas, que nunca omitían ocasión de perjudicarla. Así, cuando los desposorios de Tetis y Peleo, como no habían invitado a Eris la diosa de la Discordia, ésta se vengó arrojando en medio de la asamblea una manzana de oro con la inscripción «a la más bella». La manzana fue reclamada por Hera, Atenea y Afrodita; para zanjar la discusión Zeus solicitó el juicio de Paris, hijo de Príamo rey de Troya.

Aturdido por las promesas de las tres diosas, a cuál más tentadora, el joven adjudicó el premio a Afrodita, que le había prometido el amor de la más bella de entre las mortales. De esta manera nació la pasión fatal entre el héroe troyano y Helena, cuyas consecuencias iban a ser terribles, ya que Hera y Atenea se vengaron devastando la patria y la familia de Paris. La extraordinaria seducción de Afrodita provenía de un cinturón mágico que tenía y que hacía irresistible a su portadora. Paradójicamente los mitógrafos le asignaron por esposo al más insospe-

chado personaje del Olimpo, Hefesto el herrero deforme y cojo (defecto
que le señalaba como antítesis del amor, al ser el pie un símbolo fálico);
por compensación se le atribuían poderes mágicos y creadores. La leyenda le atribuye la paternidad de Fobos, Deimos y Harmonía, aunque
el verdadero padre de éstos fuese Ares, dios de la guerra y amante viril
y fogoso... (cuando no estaba borracho, según las malas lenguas). Los
amantes festejaban a sus anchas hasta el día en que fueron sorprendi-
dos por Hefesto en el palacio de Ares en Tracia.

El marido engañado, ofendido por la infidelidad de su esposa, forjó una red de bronce irrompible para cazar a los amantes. Cuando
la hubo armado sobre el lecho de Afrodita pretextó necesidad de
un viaje a Lemnos, sabiendo que ella se negaría a acompañarle. Tan
pronto como el marido se alejó, ella hizo llamar a Ares y cuando se
metieron desnudos en la cama la red cayó sobre ellos y los aprisio-
nó. A la mañana siguiente Hefesto los descubrió en tan incómoda
situación y convocó a todos los dioses del Olimpo para que fuesen
testigos de la vergonzosa conducta. Y no se avino a soltarlos hasta
que le devolvieran todos los suntuosos regalos que él mismo hiciera
a Zeus (en tanto que padre adoptivo de la diosa) cuando las bodas de
ambos. Se cuenta que Apolo, Hermes y Poseidón, cuando acudieron
a ver el espectáculo, envidiaron mucho al dios de la guerra por poco
airosa que fuese en aquellos momentos su situación.

El astuto Poseidón fingió compadecerse de ellos y le aconsejó a
Ares que pagase el valor de los regalos. El confuso amante, liberado,
regresó a Tracia mientras Afrodita se encaminaba a Pafos para recuperar su virginidad en el mar. En cuando a la red, es evidente reflejo
de un atributo de Afrodita en tanto que diosa del mar, y sus sacerdotisas la llevaban durante los carnavales de primavera, parecidas
en esto a las sirvientes de la diosa escandinava Hollé o Godé y sus
fiestas de mayo. Hefesto amenazó con repudiar a su esposa, pero no
hubo nada de eso, porque estaba loco por ella. Y su venganza se volvió contra él, pues los dioses viriles que tuvieron ocasión de admirar
la desnudez de la diosa se apresuraron a cortejarla, y con éxito. Poco

después cedió a las solicitaciones de Hermes, con quien pasó una noche durante la cual concibió al Hermafrodita. Este adolescente bisexuado que heredó la belleza de su madre simboliza una transición, el paso del matriarcado al sistema patriarcal. A Hermes le sucedió Poseidón, y luego Dioniso, de cuya unión nació Príapo, feo también como su marido y provisto de unos órganos sexuales deformes, aspecto que le dio Hera por no estar de acuerdo con su conducta. Cíniras rey de Chipre (e hijo de Apolo según algunos) también fue beneficiario de los favores de Afrodita, según se cuenta, e instauró en su isla el culto a la diosa. Incluso el misógino Pigmalión, hijo de Belo y escultor de oficio, cedió a los encantos de la seductora irresistible. Tras crear una estatua de marfil a su imagen y semejanza, la acostó en su cama y suplicó ayuda a la diosa. Afrodita penetró en la estatua, le infundió vida y la convirtió en Galatea, quien dio a Pigmalión una hija, la sacerdotisa Metarme, y un hijo, Pafos, quien construyó para aquélla un templo célebre. Faetón (el brillante), hijo de Eos y de Céfalo (o de Helios y Clímene), fue amado por la diosa, quien lo raptó cuando aún era un niño y lo hizo vigilante nocturno de su templo.

AGAMENÓN. *El hombre decidido* y *El poder del pueblo*, hijos

de Atreo y nietos de Pélope. Muerto su padre a manos de Egisto y Tiestes, quienes se apoderaron del trono de Argos, los hermanos se dirigieron a Eneo el etolio, rey de Esparta, alzando un ejército en armas que depuso a los usurpadores y los obligó a exiliarse. Convertido en rey de Argos, Agamenón combatió y mató a Tántalo rey de Pisa, con cuya viuda Clitemnestra, hija de Tíndaro, desposó a la fuerza para asegurarse la colaboración de sus cuñados los Dioscuros en el ataque contra Micenas. Muertos éstos, dejaban una hermana, Helena, con quien casó Menelao al tiempo que su padre Tíndaro abdicaba en favor de Agamenón. Éste tuvo de Clitemnestra un hijo, Orestes, y tres hijas: Electra (o Laodice), Ifigenia y Crisótemis. Agamenón fue tan poderoso que obligó a pagarle tributo por tierra y por mar a los reyes de Micenas, Corinto, Cleónaca, Orneas, Eritrea, Si-

ción, Hiperesia, Gonesa, Pelena, Egión, Egialea y Hélice. En cuanto
a Menelao, vivió dichoso con Helena, quien le dio varios hijos, hasta
que apareció Paris, quien aprovechó una breve ausencia de su anfitrión para seducir a Helena y llevársela a Troya. A lo cual Menelao
intentó recobrar por medios pacíficos a su mujer, pero los raptores
se negaron en redondo. El rapto de Helena, hermana de Clitemnestra, por dicho príncipe troyano significó la declaración de guerra.
Los preparativos de la expedición duraron dos años, pero cuando se
disponían a levar anclas, Agamenón ofendió a la diosa Ártemis por
envanecerse de ser mejor cazador que ella. En castigo faltó el viento
a la flota y el adivino Calcante anunció que la cólera de la diosa no se
apaciguaría hasta que fuese sacrificada Ifigenia, la más bella de las
hijas del rey y prometida de Aquiles, rey de Tesalia. Como Agamenón era más ambicioso que buen padre, aceptó, y la infeliz princesa
fue conducida hasta el altar de Ártemis para ser degollada, pero la
diosa la arrebató reemplazándola por una cierva.

Hubo viento entonces y la flota zarpó hacia la Tróade. La guerra
discurrió no sin contrariedades para los expedicionarios, como el inci-
dente de la cólera de Aquiles. En los combates Menelao tuvo ocasión
de vengarse matando a muchos troyanos, y Paris habría corrido la
misma suerte si Afrodita no lo hubiese salvado envolviéndolo en una
nube. Lo cual no fue sino un aplazamiento pues murió poco después
de una herida de flecha lanzada por Filoctetes. Desaparecido Paris,
Helena se desposó con Deífobo. Después de la caída y el saqueo de
Troya, Agamenón se quedó con Casandra, la hija de Príamo, a quien
hizo madre de dos hijos, Teledamo y Pélope. Menelao mató a Deífobo
y recobró jubiloso a su siempre joven y bella esposa, con quien se re-
concilió. Al cabo de algún tiempo Agamenón quiso regresar a su país,
pese a las súplicas de Casandra, quien poseía un notable don de vidente e intentó disuadirle previendo una desgracia. Pero como nadie
hizo caso nunca de sus profecías (por haberlo dispuesto así Apolo),
Agamenón, Casandra y Menelao embarcaron rumbo a Micenas. La
nave de Menelao fue empujada hacia Egipto por una gran tormenta

y no regresó a Esparta sino ocho años más tarde. Durante la ausencia de Agamenón, Egisto había preparado su venganza y persuadió a Clitemnestra de que diese muerte a quien no era su marido sino por imposición, así como a su concubina Casandra. El rey, de regreso en su palacio, se disponía a tomar parte en el suntuoso festín preparado para celebrar el retorno, cuando su mujer le arrojó por encima una red para inmovilizarlo y Egisto lo hirió con una espada de dos filos. Clitemnestra remató la obra decapitando a su marido con un hacha y luego mató a Casandra y sus dos vástagos. Orestes se salvó y regresó años después para vengar la muerte de su padre. En cambio Menelao vivió feliz con su mujer y a su muerte fue transportado por los dioses a los Campos Elíseos. Agamenón simboliza el valor y la dignidad, pero también y sobre todo la ambición desmesurada. Aganipe, de aganos, agradable, fuente de Beocia situada al pie del Helicón, que brotó bajo los cascos del caballo alado Pegaso. Era la residencia de la ninfa del mismo nombre y estancia favorita de las Musas (que por ello recibieron de sobrenombre las aganipeas), ya que sus aguas pasaban por traer la inspiración.

AGENOR, el muy bravo, hijo de Poseidón y de Libia, hermano gemelo de Belo, salió de Egipto para establecerse en Canaán, donde casó con Telefasa (o Argiope), en quien engendró a Cadmo, fundador de Tebas, Fénix, Cílix, Tasos, Fineo y Europa. Tras haber sido ésta raptada por Zeus que había tomado el aspecto de un toro blanco, Agenor envió a sus hijos que la buscaran. Ellos se embarcaron en distintas direcciones: Fénix hacia el oeste (Libia) donde dio su nombre a los púnicos (los fenicios de Cartago), y cuando murió su padre volvió a Canaán (rebautizada Fenicia en su honor). Cílix visitó el país de los hipaquios luego llamado Cilicia. Fineo llegó a las tierras de los tineos y fundó la Bitinia, península que separa el mar de Mármara y el Negro, donde fue atormentado por las Arpías. Tasos explotó las minas de oro situadas en la isla de su nombre. Cadmo se encaminó a Rodas y después de muchas aventuras fue a recalar en el emplazamiento de la futura ciudad de Tebas. Agenor fue abuelo de Minos, Radamante y Sarpedón, éste hijo de Zeus y Europa. El rapto de Europa, que tal vez conmemora un ataque de los helenos contra Fenicia, es una tentativa de explicar la unificación de unas tribus heterogéneas. La leyenda se basa en un mito solar: Agenor indicó la marcha del sol hacia Poniente, que fue la dirección seguida por los pueblos migratorios.

ALCESTES, el poder del hogar, la más deseable de las hijas de Pelias, hijo de Poseidón y de Tiro, fue pretendida por muchos reyes y príncipes, pero su padre, con intención de evitar enemistades, prometió que sólo se la daría a quien fuese capaz de dar una vuelta a la pista de carreras de Yolco unciendo bajo el mismo yugo a un jabalí y un león, lo cual fue realizado por Admeto, rey de Tesalia, con la ayuda de Apolo y habiendo sido domadas dichas fieras por Hércules; según otra versión de la misma, Alcestes fue rescatada por Hércules. Ha inspirado una tragedia de Eurípides, Alcestes, la ópera del mismo nombre con libreto de Du Rollet y música de Gluck, entre otras, y una adaptación modernizada del asunto por Pérez Galdós, de 1914.

ALCINOO, hombre de poderoso espíritu, rey de los feacios y padre de Nausica, la que recogió a Ulises náufrago y protegió la fuga de Jasón y Medea.

ALCIONE, la que protege de la tempestad, una de las Pléyades, hija de Eolo el rey de los vientos y esposa de Ceix, hijo de la Estrella matutina. Los esposos tuvieron la desventurada idea de compararse con Zeus y Hera, por lo que fueron transformados en unas aves, los alciones. Según otra versión Ceix pareció en un naufragio y la inconsolable Alcione se arrojó al mar, tras lo cual Tetis los metamorfoseó en alciones a ambos. Este mito justifica la creencia popular según la cual todos los años, durante un período de siete días antes y siete después del solsticio de invierno o día más corto del año, llamados los días alciónicos, la hembra de este pájaro legendario (se le ha identificado con la gaviota, el Martín pescador, el petrel y el cisne) entierra a su macho lanzando gritos lastimeros y luego hace un nido con espinos y lo arroja al agua para poner sus huevos, ya que entonces se halla completamente en calma el mar Alciónico, nombre que dieron los griegos a la parte oriental del golfo de Corinto.

AMAZONAS. Mujeres-luna y *a-mazos*, sin pecho, hijas de Ares y de la náyade Harmonía según algunos, estas mujeres guerreras vivían en Capadocia, a orillas del río Termodonte, y conquistaron vastas extensiones en Asia Menor hasta las orillas del mar Negro. Tenían la costumbre de fajarse el seno derecho desde la infancia (otros dicen que se lo cauterizaban) para facilitar el tiro con el arco. Provistas de casco y armadura, arcos de bronce y escudos en forma de media luna, fueron las primeras mujeres que utilizaron la caballería; no tenían fe ni ley, vivían del pillaje y constituían tribus matriarcales cuya continuidad aseguraban mediante relaciones esporádicas, una vez al año, con los hombres de las comarcas vecinas, a quienes devolvían los hijos varones para quedarse únicamente con las niñas, a las que pronto instruían en las artes de la caza y la guerra. Su país, gobernado por una reina, tenía por capital a Temiscria (aunque se les atribuye la fundación de otras muchas ciudades de la Antigüedad: Éfeso, Esmirna, Mirina, Pafos, etc.).

También se dice que construyeron el templo de Éfeso, una de las siete maravillas del mundo, y que saquearon Troya, pero perseguidas por las tribus vecinas perdieron a su reina Marpesa. Fueron amazonas famosas: Pentesilea, hija de Ares y de Otrere, mató por accidente a su hermana Hipólita (es difícil depurar la leyenda primitiva de entre las numerosas versiones contradictorias sobre esta amazona), se expatrió y fue purificada por Príamo, participó en la defensa de Troya y fue mortalmente herida por Aquiles, quien al quitarle la armadura y verla desnuda se enamoró de ella, y compadecido lavó el cuerpo en el río Escamandro y la enterró con todos los honores.

Antíope, vencida por Teseo, casó con él y le dio un hijo, Hipólito, de quien se enamoró Fedra. Sifíone, que felicitó a Jasón cuando éste se hizo con el vellocino de oro. Tomiris, la reina de las amazonas escitas de Asia, quien venció a Ciro. Lisipe, que les rompía los miembros a los muchachos para reducirlos a las faenas domésticas, mientras las mujeres mandaban y guerreaban. Fundadora de Temoscire, instituyó allí el culto a Ares y Ártemis, con ceremonias como la célebre danza del escudo, en donde las amazonas marcaban el paso al ritmo de los caramillos. Hipólita recibió de su padre Ares un cinturón maravilloso, insignia de su realeza, y Admeto, hijo de Euristeo, envió a Hércules para que se apoderase de aquél. El héroe mató a las amazonas y a su reina, y se hizo con el cinturón (noveno trabajo); según otra versión Hipólita se enamoró de Hércules y se avino a desprenderse de su cinturón mágico, hasta que Hera hizo correr el rumor de que aquellos forasteros planeaban raptar a Hipólita. Entonces las enfurecidas mujeres-soldados atacaron el navío, por lo que Hércules acabó con ellas y se quedó con sus pertenencias, que fueron depositadas en el templo del Apolo Délfico, excepto el hacha de Hipólita, regalada por Hércules a la reina Onfalia. Las amazonas que se salvaron de la matanza atribuida a Hércules se refugiaron en los montes de Albania, cerca de la Cólquide; otras se establecieron al pie del monte

Cáucaso mientras sus vecinos los gargarienses emigraban hacia el Norte. Todos los años, en primavera, estos dos grupos se reunían en los montes fronterizos, cohabitaban durante dos meses y se unían después de un sacrificio ritual.

ANDRÓMEDA, la que reina sobre los hombres, hija de Cefeo rey de Etiopía, disputó a las nereidas un premio de belleza. Para vengar a las ninfas, Poseidón envió un monstruo marino que hacía estragos en el país. El oráculo declaró que Andrómeda debía ser inmolada, por lo que la expusieron sobre una roca. Pero acudió Perseo montando su caballo alado Pegaso, mató al monstruo, la rescató a ella y la desposó. Personificación de la «debilidad de la naturaleza femenina», Andrómeda inspiró una tragedia musicada de Pierre Corneille así como al pintor Rubens, al escultor Puget, etc. Se ha dado su nombre a una constelación de 59 estrellas, entre las cuales destacan «la cabeza», «el cinturón» y «el pie» de Andrómeda.

ANQUISES, compañero de Isis, príncipe troyano, rey de los dárdanos que recibió una noche, en su cabaña de pastor, la visita de Afrodita disfrazada de princesa frigia, y se amaron «sobre un lecho cubierto de pieles de oso y de león, mientras las abejas zumbaban soñolientas alrededor de ellos». Cuál no sería su espanto cuando, la mañana siguiente, la diosa le reveló su verdadera identidad, pero eso no impidió que se envaneciese de su aventura. Indignado, Zeus le hirió con su rayo, pero Afrodita se interpuso para salvar a su amante de una noche. Quien, no obstante, quedó tan debilitado por el golpe que no podía mantenerse en pie. De esta relación nació Eneas, y éste, cuando cayó Troya, rescató a su padre transportándolo a hombros hasta la nave. Anquises murió en Sicilia, cerca de Drépano, antes de que Eneas zarpase hacia Cartago, y fue enterrado en el monte Erix.

ANTEO, el implorado por las oraciones, gigante hijo de Poseidón y de Gea, peleaba contra todos los que entraban en su reino de

Libia, y se enorgullecía de haber erigido un templo con los cráneos de sus víctimas. Hércules lo derribó tres veces, porque recobraba las fuerzas cada vez que tocaba la tierra (su madre); para vencerlo, el semidiós tuvo que alzarlo en vilo y sofocarlo entre sus forzudos brazos.

ANTÍGONA, la que hace de madre, hija de Yocasta y de Edipo, sufrió un destino trágico. Sus progenitores reinaron en Tebas hasta que se dieron cuenta del incesto cometido; Yocasta se ahorcó y Edipo se cegó, asediado por los remordimientos. Creonte, hermano de Yocasta, lo expulsó de la ciudad, pero antes de partir aquél maldijo a sus hijos y hermanos Eteocles y Polinices, quienes en el momento de descuartizar un animal sacrificado le habían dado la pierna en vez de la espalda que le correspondía como rey. Por eso ellos no lamentaron su marcha, y sólo Antígona se apiadó de su padre. Abandonando a su prometido Hemón, hijo de Creonte, hizo de lazarillo para él por los caminos de Grecia, mendigaba para sobrevivir y le consolaba con su presencia y su cariño. Tras la muerte de su padre, Antígona regresó a Tebas, donde sus hermanos se disputaban el poder. Polinices atacó a Eteocles con la ayuda de Adrasto rey de Argos, pero los hermanos enemigos hallaron la muerte en la

batalla. Proclamado rey, Creonte les hizo unos funerales grandiosos, pero como Polinices había llamado a unos aliados extranjeros en contra de su propio país, no tenía derecho a sepultura. Antígona desobedeció las órdenes de Creonte e hizo que pusieran el cadáver de Polinices en una pira, pero fue atrapada por el tiránico Creonte, quien ordenó al prometido de aquélla que la enterrasen viva en la tumba de su hermano. Hemón fingió asentimiento pero huyó con Antígona, la desposó en secreto y la ocultó con unos pastores. Ella le dio un hijo que muchos años después visitó Tebas para tomar parte en unos juegos fúnebres, donde su abuelo le conoció por la peca en figura de dragón que tenían todos los descendientes de Cadmo, y lo condenó a muerte; Antígona y Hemón se suicidaron no pudiendo soportar la pena. Según otra versión, Antígona, al escuchar su condena a muerte, se estranguló y Hemón se precipitó sobre su cadáver y allí mismo se mató con un puñal. Antígona es símbolo permanente de piedad filial y fraternal, y de la abnegación que no espera recompensa.

ANTÍNOO, el del ánimo hostil, príncipe troyano hijo de Eupites de Ítaca, pretendiente de Penélope, orgulloso y grosero, intentó matar a Telémaco y dilapidó los bienes de Penélope. Ulises lo mató cuando regresó a Ítaca disfrazado de mendigo.

ANTÍOPE, la que planta cara, célebre por su gran belleza, esta hija de Nictes rey de Tebas fue seducida por un sátiro, que no era sino otro de los disfraces de Zeus. Huyó a Sición, donde reinaba Epopeo, con quien desposó, pero este matrimonio desencadenó una guerra entre el rey y Lico, hermano de Nictes. Epopeo fue muerto y Antíope reconducida a Tebas por su tío; en camino parió los gemelos Anfión y Zeto, abandonados por Lico en el monte Citerón. Durante años Antíope padeció las sevicias de su tía Dirce la reina de Tebas, hasta que logró huir de nuevo y encontró al pastor a quien había confiado la tutela de sus hijos. Los gemelos salieron en busca de la malvada y tras reconocerla en un cortejo de ménades que andaban por las laderas del Citerón, la ataron sobre los cuernos de un toro, que la despedazó. En el lugar de los hechos brotó la «fuente de Dirce». Esta muerte de Dirce, fiel practicante de los misterios dionisíacos, irritó a Dioniso, quien la vengó privando de razón a la desgraciada Antíope, que anduvo errante por Grecia hasta que la recogió Foco, nieto de Sísifo, le devolvió la razón y casó con ella.

APOLO. El dios de la manzana, de confusa historia y leyendas, lo cual demuestra que proviene de la fusión de varios personajes de diferente origen: asiático, jónico, licio, árabe... La versión más conocida lo presenta como hijo de Zeus y de Latona (hija de los titanes Ceos y Febe), metamorfoseada en codorniz para la ocasión, lo que no le ahorró los celos de Hera la legítima esposa del dios demasiado ardoroso. De manera que fue perseguida por la serpiente Pitón hasta que huyó a Delos, en la isla de Ortigia, donde Latona dio a luz primero una hija, Ártemis, y ésta la ayudó nueve días más tarde cuando iba a nacer su hermano gemelo Apolo. A este hijo suyo Zeus le regaló una lira y una mitra de oro. Fue criado por Temis. A la edad de cuatro años Apolo construyó un altar a orillas del lago elíptico de Delos, utilizando los cuernos machacados de las cabras que su hermana Ártemis mataba en el monte Cinto. Ya adulto, se subió en su carro, provisto de sus flechas y carcaj, y pasó un año entre los hiperbóreos. Estuvo luego en Delfos, pero tuvo que exiliarse durante un año por haber matado a la serpiente Pitón. Tras purificarse de esa muerte en Tempe regresó a Delfos recorriendo la vía sacra que luego seguirían las procesiones de las septeria, que se celebraban cada nueve años en conmemoración de aquella primera hazaña suya. Se dice que todos los otoños se retira al Norte, adonde los hiperbóreos, para regresar en primavera. También se cuenta que tuvo ocasión de medirse con el atleta Forbas y lo mató de un puñetazo, para vencer luego a Hércules que había robado su trípode en Delfos, etc. Predilecto de los dioses, Apolo enfrentó sin embargo la cólera de Zeus cuando participó con Poseidón en una conspiración organizada por Hera contra su marido, con el propósito de impedir que anduviese por la tierra cortejando a las mortales. Se le condenó a guardar durante un año los corderos del rey Laomedonte en compañía de su acólito. Transcurrido este período, el rey no quiso pagar a Poseidón (quien había construido las murallas de Troya) y Apolo, motivo por el cual el país fue azotado por la peste.

También tuvo queja contra él su padre cuando mató a los cíclopes, fabricantes del rayo divino, por responsables de la muerte de su hijo Esculapio. Esta vez el castigo fue un cautiverio en poder de Admeto rey de Feras, cuyos rebaños le tocó guardar (lo cual demuestra que era un dios pastoril). Apolo se nos presenta como un dios «orgulloso, célebre por su espíritu independiente y su genio vivo. Gran seductor, se le atribuyen numerosas aventuras galantes, primero con la musa Talía, a quien hizo madre de los coribantes, que cantaban durante las fiestas del solsticio de invierno; amó a Cintia, hija de Océano, la abandonó y la metamorfoseó en heliotropo; tras sorprender a la ninfa cazadora Cirene, nieta del dios fluvial Peneo y de la náyade Creusa, cuando acababa de luchar contra un león y vencerlo, la raptó con su carro y se la llevó a Libia, donde nació Aristeo, gran apicultor. Para seducir a Dríope se transformó en serpiente; tuvieron un hijo, Anfiso, fundador de la ciudad de Eta, pero cierto día las hamadríades compañeras de Dríope raptaron a ésta dejando en su lugar un álamo. Cuando vio a Creusa, hija de Erecteo y de Praxítea, dormida en una cueva bajo los Propileos de Atenas, la sedujo y engendraron a

Íon, a quien raptó para convertirlo en sacerdote de Delfos. Más tarde Creusa desposó con Janto y visitaron el santuario para consultar el oráculo; Janto se encaprichó con Íon y lo adoptó, provocando los celos de su mujer, que desconocía la identidad del joven, y trató de envenenarlo. Pero entonces bajó una paloma del cielo que bebió unas gotas del brebaje emponzoñado y cayó muerta. Creusa se refugió en el templo de Apolo y cuando Íon iba a sacarla de allí para vengarse, intervino una sacerdotisa que le reveló toda la verdad. Posteriormente Íon llegó a ser rey de Atenas y tuvo con Hélice cuatro hijos que dieron nombre a los oficios siguientes: labrador, artesano, sacerdote y soldado.

Apolo peleó con Idas por los bellos ojos de Marpesa, nieta de Ares, pero la joven tuvo el buen criterio de preferir a Idas y rechazar al frívolo Apolo. A la hija del rey Príamo y de Hécuba, Casandra, le confirió el don de profecía a cambio de sus favores; pero llegado el momento ella se negó a cumplir la promesa. En castigo Apolo dispuso que nadie prestaría oídos a lo que ella profetizase. Otras mortales amadas por Apolo fueron: Castalia, una joven de Delfos que rechazó sus proposiciones y se arrojó a una fuente, que llevó su nombre a partir de entonces, y Ftía, que le dio a Doro; de Quione, la reina de las nieves, hija de Dedalión, tuvo a Filamón, hermanastro de Autólico que era hijo de Hermes; envanecida por haber sido amante de dos dioses, ella osó desafiar a Ártemis, quien la mató de un flechazo. También se unió a Deyone, hija de Minos rey de Creta; de esta unión nació Mileto y su madre lo escondió en un bosque para que Minos no se enterase. El niño se crió entre lobos hasta ser descubierto por unos pastores; siempre huyendo del rey, escapó al Asia Menor, donde fundó la ciudad que lleva su nombre. Apolo amó asimismo a numerosos efebos, de los cuales los más célebres fueron: el bello príncipe espartano hijo de Amiclas rey de Laconia, Jacinto, amado también por el poeta Tamris y por Bóreas el viento del Oeste. Al primero de los citados, el celoso dios le privó de la vista y de la voz. Cierto día, mientras Apolo enseñaba a Jacinto cómo lanzar el disco, el viento del Oeste lo abatió sobre la cabeza del joven y lo mató; loco de dolor, Apolo hizo nacer de la sangre del joven una flor que todavía ostenta sus iniciales; cada año se celebraban en su honor las jacintias, fiesta que comenzaba con el canto fúnebre pero terminaba con himnos de alegría en los que se glorificaba al joven convertido en inmortal. También Cipariso, hijo de Amicleo o de Télefo, fue amante del dios; en una cacería mató por error un ciervo favorito de su señor y, desesperado, se suicidó pero sobrevivió metamorfoseado en ciprés. Pese a sus éxitos el dios de la belleza también tuvo fracasos amorosos: la ninfa Dafne, hija del dios fluvial Peneo, le rehuyó y viendo que no podía escapar rogó a Gea que la transformarse en laurel. Entonces Apolo se hizo una corona con sus hojas, y dicho árbol le estuvo consagrado desde entonces; sólo las pitonisas tenían derecho a mascar hojas de laurel. Aparte de sus funciones de divinidad tutelar rural, protector de pastores y ganados, músico y colonizador, Apolo era el dios de la adivinación, de ahí su estrecha vinculación al oráculo de Delfos, que tenía crédito en toda Grecia, por mediación de la Pitia y de las Sibilas, de las cuales la más conocida es Manto, la que profetizaba a través de los sueños. Como prototipo ideal de belleza masculina para los helenos, atlético pero al mismo tiempo grácil, fue inmortalizado por el coloso de Rodas, que era una de las siete maravillas de la Antigüedad, obra gigantesca (cada dedo de la mano era más largo y grueso que un hombre) ejecutada por Charis, alumno del ilustre Lisipo; la altura se da en setenta codos, que serían unos treinta metros. Dicha estatua sustentaba un faro que señalaba la entrada al puerto, y las naves pasaban por entre sus piernas; por desgracia el coloso vivió apenas una veintena de años, ya que fue derribado por un terremoto trescientos años a.C. Cuando los árabes se apoderaron de la isla de Rodas vendieron a unos judíos los enormes bloques de bronce que yacían en el fondo del mar y obstaculizaban el acceso al puerto. El culto apolíneo fue introducido en Roma hacia el 212 a.C., cuando se celebraron por primera vez unas fiestas apolinarias; luego Augusto mandó construir un templo en el Palatino.

Hay que citar asimismo los juegos actiacos, de periodicidad bienal, que se celebraban en el promontorio de Accio junto al templo de Apollon Actius (por el nombre de un centro religioso de la Acarnania, aun habiendo sido adoptado por los romanos). Las fiestas apolinarias se celebraban coincidiendo con el solsticio de verano y en su origen debieron implicar sacrificios humanos (más adelante reemplazados por los de toros, novillas, carneros, etc.), en tanto que manifestación externa de un culto solar importado de Persia y común a casi todos los pueblos: escandinavos, hermanos, celtas, eslavos, griegos, romanos, etc.

AQUERONTE, de *akos*, dolor y *roos*, río, nombre de cuatro ríos citados por los geógrafos de la Antigüedad, el más importante de los cuales fue el Macropótamo, nacido en las tierras pantanosas de Aquerusia y con desembocadura en el Jónico después de cruzar la Tesprocia. Por sus aguas negras y salobres y su curso en gran parte subterráneo, los antiguos lo identificaron con el río de los Infiernos que deben cruzar las almas sobre la barca de Caronte para alcanzar su residencia definitiva. La mitología griega le atribuyó el nombre de uno de los hijos del Sol (Helios) y de la Tierra (Gea), precipitado a los infiernos por Zeus en castigo por haber dado agua a los Titanes que se rebelaron contra los dioses del Olimpo. Genéricamente se llamaron «aquerontia» los pantanos de distintos países, a los que se suponía provistos de aberturas subterráneas conducentes a los infiernos.

AQUILES. Sin labios, expresión tradicionalmente reservada a los héroes oraculares: el de la dorada cabellera, el más valiente de los griegos, hijo de Peleo y de Tetis. Su madre quiso hacerlo inmortal y para ello cauterizó todas sus partes mortales y las bañó en ambrosía, preparando así su estancia en el Olimpo, pero Peleo le arrancó de las manos al hijo, y éste quedó con un calcáneo carbonizado que no había completado el tratamiento. Peleo lo reemplazó por una taba del gigante Damiso, quien había sido célebre por su velo-

cidad en la carrera. En otra versión del mito dice que Tetis quiso hacerlo invulnerable y para ello lo sumergió entero en la laguna Estigia, excepto el talón, por donde sujetaba a la criatura. Luego le puso por nombre Aquiles, que quiere decir sin labios, «porque aún no había tocado con ellos su pecho». El niño fue confiado al centauro Quirón, quien le hizo comer fieros jabalíes, entrañas de león y médula de oso para aumentar su valentía; además le enseñó el tiro al arco, el arte de la elocuencia y la curación de las heridas. La musa Calíope le enseñó el canto, y el profeta Calcante predijo que se le daría a escoger entre una vida corta y gloriosa, o larga en años y anodina. El héroe eligió lo primero y cobró fama por sus hazañas y sus grandes aventuras. Tetis quiso proteger a su hijo y lo envió disfrazado de mujer y bajo el falso nombre de Pirra a la corte de Licomedes, en la isla de Esciro. Allí se enamoró de Deidamia la hija del rey, que le dio un hijo, Neoptólemo (o Pirro). Sin embargo, y habiendo predicho Calcante que Troya no caería sin la colaboración del joven Aquiles, el astuto Ulises fue enviado en su busca. Lo consiguió mediante una de sus trampas: ofreció a las damas de la corte ricos regalos de joyas, brocados, etc., entre los cuales había ocultado unas armas (este episodio simboliza la tentación). Pirra se precipitó a tomarlas y habiendo traicionado así su verdadera identidad, no pudo negarse a tomar parte en la expedición. Podemos suponer que estaba harto de fingirse mujer e impaciente por ir a desbaratar los enemigos de su patria. Acompañado por su inseparable primo Patroclo, el héroe destacó por sus actos de valor y sus conocimientos de medicina.

Así, después de una batalla curó la herida de Télefo con una poma-
da hecha de una planta vulneraria que acababa de descubrir y que
pasó a llamarse aquilea (y su principio activo, la aquileína). Cuando los aqueos tomaron la ciudad de Lirneso capturaron a Briseida,
la hija de Brises, y se la adjudicaron a Aquiles, pero Agamenón le
arrebató a la bella, de quien se había enamorado. Furioso, Aquiles
se recluyó en su campamento y abandonó los combates (símbolo
del que se ausenta de la lucha). A partir de lo cual los sitiadores
sufrieron numerosos reveses, hasta que Patroclo (pese a haberse
puesto la armadura de Aquiles, forjada por Hefesto) fue muerto
por Héctor. Entonces Aquiles no tuvo más remedio que vengar a
su amigo, mató al matador y arrastró el cadáver por los pies, atado
a su carro, alrededor de la tumba de Patroclo.

Sin embargo, se avino a entregar el cadáver de Héctor a su padre
Príamo siempre y cuando le pagaran el peso de aquél en oro. Poco
después, Poseidón y Apolo, indignados por la profanación, ayudaron a Paris, quien acertó con su flecha en el talón del héroe, el único
punto vulnerable de su cuerpo (son varios los héroes que mueren
de una herida en el talón según las mitologías egipcia, lidia, céltica, hindú y escandinava), tras lo cual se descadenó un encarnizado
combate alrededor del cadáver, hasta que una tormenta enviada por
Zeus permitió rescatarlo.

Aquiles fue llorado durante diecisiete días con sus noches por las
nereidas y por las nueve Musas, que entonaron los himnos fúnebres.
El día decimoctavo quemaron su cadáver en la pira y sus cenizas
confundidas con las de Patroclo fueron enterradas en el cabo Sigeo,
que domina el Helesponto (actual estrecho de los Dardanelos). En
la cercana población de Aquileon construyeron un templo en donde
se erigió una estatua que le representaba llevando un pendiente de
mujer. Fue el héroe preferido de los griegos. La Odisea relata una visita de Ulises a Aquiles en los infiernos; la Ilíada, también atribuida
a Homero, tiene por argumento el episodio de «la cólera de Aquiles»
por la pérdida de Briseida hasta los funerales de Héctor.

ARCADIA, región montañosa del Peloponeso central, considerada tradicionalmente como la morada del dios Pan. Debido a la ausencia de núcleos de población era el paradigma clásico de la pacífica vida campestre y pastoril. Da lugar a toda una familia de géneros literarios, églogas y novelas, desde *Dafnis y Cloe*, o *Poimenika ta kata Daphin kai Khloên*, atribuida a Longo de Lesbos (siglo II o III d.C.), hasta Guevara con su *Menosprecio de corte y alabanza de aldea* y el género pastoril europeo (Sannazaro, Garcilaso, Lope de Vega).

ARES. El guerrero viril, hijo de Zeus y de Hera, hermano de Hefesto y de Hebe, y hermano gemelo de Eris, la discordia, es la más célebre de las divinidades guerreras importadas de Tracia, desde donde atronaba el Olimpo con el alboroto de las diferencias que lo enfrentaban a sus iguales así como a los enemigos. Era famoso por su carácter irascible y su temperamento violento, ante el cual temblaban y escapaban las diosas. Sólo era apreciado en el Hades por el gran número de soldados que enviaba allí. Más impetuoso y temerario que valiente, Ares cambiaba de bando según sus simpatías y no siempre salía indemne de las muchas aventuras a que le precipitaba su carácter belicoso. Hércules y Atenea se atrevieron a enfrentarse con él y salieron vencedores en más de una ocasión. Pero Ares nunca dudó de sus propias fuerzas, y se creía invencible. Cierto día luchó con los audaces gigantes Aloades, Oto y Efialtes, y tuvo que acudir Hermes para sacarlo de la vasija de bronce donde lo tuvieron trece meses encerrado (este episodio tal vez alude a un armisticio entre los beocios y los tracios que hubiese durado trece meses, extensión del año pelasgo). En cuanto a los gigantes, perecieron bajo las flechas de Apolo y fueron enviados a los Infiernos, atados con serpientes a una columna. Cuando se opuso a Atenea recibió una pedrada en el cuello, y cuando combatió a Hércules, quien supuestamente había matado a su hijo Cicno, resultó herido y se refugió en el Olimpo aullando de terror. Aunque le ocupaban mucho sus peleas, también tuvo tiempo para vivir aventuras amorosas que solían acabar bastante mal, y los hijos nacidos de ellas tampoco tuvieron mucha suerte. La pasión que inspiró a la esposa de Hefesto, Afrodita, era de un género algo perverso, como si ella se complaciese en excitar los celos del impetuoso y también los de su marido. En una ocasión Afrodita sorprendió a su amante en el lecho de Eos, la Aurora; ofendida, castigó a la tímida joven condenándola «a tener amores continuamente con jóvenes mortales». Con Crisa tuvo Ares un hijo, Flegias, que fue padre de Ixión y Corónide; ésta, seducida por Apolo, tuvo a Esculapio, el dios de la medicina, y fue vengada por su padre, quien incendió el templo del dios y fue enviado a los infiernos. Cirene le dio un hijo, Diomedes, el que alimentaba a sus caballos con las carnes de los forasteros que caían en sus manos.

De Pelopia (o Pirene) tuvo a Cicno, quien irritó a Apolo por robar las ofrendas que los viajeros dejaban en el templo, y fue muerto por Hércules. Fue amado por la ninfa Aglaura, de quien tuvo una hija, Alcipe. Cuando Ares mató al violador de ésta, Halirrotio, fue juzgado por el tribunal de los dioses y absuelto; el proceso se celebró en una colina próxima a la Acrópolis, que recibió el nombre de Areópago, y fue «el primer juicio en un proceso por homicidio». Otras amantes suyas fueron Aérope hija de Cefeo, Harpina la hija del dios fluvial Asopo, de la que tuvo a Enómao, etc. En tanto que dios de la guerra y símbolo de la violencia, sus atributos eran una lanza, una espada, y además el buitre y el perro. Nunca llegó a ser demasiado popular entre los griegos, que prefirieron a otras divinidades más simpáticas, y no lo adoptaron como protector de sus ciudades. Además temían a las criaturas maléficas de su séquito: Agón, Eris, las Keres, Fobos y Deimos («terror y espanto»). Colocado entre las doce divinidades olímpicas principales, como luego lo fue su homólogo romano Mar-

te, simboliza «la fuerza brutal que se embriaga con su propio tama-
ño, su peso, su rapidez, su estrépito, su capacidad destructiva, sin
sentido de la medida y sin hacer caso de consideraciones de justicia
o humanidad». Algunos autores han visto en él a un dios rural, de
la primavera, protector de la juventud «y guía de los jóvenes que
emigran para fundar nuevas ciudades... Es también el matador, el
defensor de las viviendas y de los jóvenes; en particular es vengador
de los perjurios... era el dios invocado en los juramentos».

ARIADNA, la muy pura, hija del rey cretense Minos y de Pasífae, y hermana de Fedra, se enamoró del héroe Teseo que acudió
a luchar contra el Minotauro que vivía en el laberinto de la ciudad
de Knosos, el monstruo que devoraba a los adolescentes de uno y
otro sexo que los griegos debían entregar todos los años a Minos
como tributo. Ariadna ató un hilo a la entrada del Laberinto donde
se guardaba el monstruo, para que Teseo pudiese hallar el camino de
regreso después de matar al Minotauro. Luego se fugó con él e hicieron escala en la isla de Dia, hoy llamada Naxos, donde fue abandonada por Teseo. Invocó el auxilio de los dioses y éstos enviaron a
Dioniso, que casó con ella y le ciñó la corona de Tetis, hecha de oro
y rubíes y forjada por Hefesto (más tarde fue puesta entre las estrellas: es la Corona boreal). Le dio numerosos hijos, entre los cuales
Enopión y Toas.

ARGONAUTAS. Héroes griegos que una generación antes de
la guerra de Troya se embarcaron en el Argo para ir a la Cólquide y
conquistar el vellocino de oro acaudillados por Jasón: Acasto, hijo
de Pelias; Áctor, hijo de Dión; Admeto, príncipe de Feras; Anfiarao,
el adivino de Argos; los dos Anceos, el menor y el mayor; Argos el
arquitecto-diseñador del Argo; Esculapio, hijo de Ares; Asterión, hijo
de Cometes; la amazona Atalanta; Augias, hijo del rey Forbas; Butes,
el apicultor; Ceneo, un lapita; Calais, hijo de Boreo; el euboeo Canto;
Cástor, el Dióscuro luchador; Cefeo, hijo de Aleo; Corono, otro lapita;

el heraldo Equión, hijo de Hermes; Erginos; Estafilo, hijo de Dioniso; Eufemo el nadador; Euríale, uno de los Epígonos; Euridamante de Delos; el arquero ateniense Falero; Fano, hermano de Estáfilo; Hércules, el hombre destinado a convertirse en dios, y su escudero Hilas; Idas, hijo de Afareo; el vidente Idmón, hijo de Apolo; el etolio Ificles; Jasón, el jefe de la expedición; Laertes, hijo de Acrisio; Linceo, el de la vis-

ta penetrante, vigía encargado de avizorar los peligros; Melampo, hijo de Poseidón; Meleagro de Calidón; Mopso, un lapita; el gran navegante Nauplio, hijo de Poseidón; Oileo, el padre de Áyax; Orfeo, el músico-poeta tracio que entretenía con sus cantos y su lira los ratos de ocio de los navegantes; Palemón, hijo de Hefesto; Peleo, el mirmidón; el beocio Peneleo; Periclimeno, hijo de Poseidón; Poeas, hijo de Taumaco; Pólux, el Dióscuro boxeador; el arcadio Polifemo; Tifis el timonel; Zetes, hermano de Calais.

Cruzaron el mar Egeo, hicieron escala en Lemnos y en Samotracia, entraron en el mar Negro pasando el estrecho del Helesponto, la Propóntida, el Bósforo tracio, y arribaron a la Cólquide, que era el reino de Eetes. Allí y después de una serie de aventuras extraordinarias, Jasón se apoderó del vellocino de oro con ayuda de la hija del rey, la maga Medea, quien huyó con él. El viaje de regreso también fue muy movido y además el itinerario varió según progresaban los conocimientos geográficos de los griegos: hacia el Norte, hasta la región de Tanais y el Danubio; hacia el Este, hasta el Faso y Armenia; hacia el Oeste, hasta los valles del Po y del Ródano; al Sur, hasta el Nilo. Las aventuras que vivieron durante estas etapas fueron cantadas por numerosas poetas. La expedición y las peripecias de los participantes forman un ciclo épico muy extenso que ha inspirado a muchos artistas griegos, latinos y modernos: Apolonio de Rodas con sus Argonáuticas, Valerio Flaco, que se inspiró en el anterior e introdujo profundidad psicológica en la descripción de caracteres, Eurípides, Séneca, Corneille, E. Legouvé, etc.

ÁRTEMIS. La poderosamente constituida, o la que recorta, fusión de varias divinidades extranjeras de origen oriental: la Bendis de los tracios, la Anaitis de los persas y los lidios, la Dictrinna de los cretenses, protectora de marinos y pescadores, la sanguinaria Ártemis de Táuride, ansiosa de víctimas humanas, la de Éfeso, símbolo de maternidad y de fecundidad cuyo culto guardaba relación con las «sacerdotisas armadas» que existían en Éfeso y en Asia Menor (las amazonas). En Arcadia veneraban a la hermana de Apolo, frecuente compañera de correrías y combates de éste, la hermanastra de Hermes, fruto de los amores de Zeus con Latona, quien la parió sin dolor en la isla de las codornices, cerca de Delos, que se le consagró y adonde había sido transportada en alas del viento del Sur para sustraerla a las iras de Hera, la esposa de Zeus. Nueve días después de este nacimiento, Ártemis ayudó a su madre en el parto de su hermano Apolo. Ártemis tenía por atributo la codorniz, ave en que metamorfoseó a Latona su amante, al tiempo que se transformaba él mismo; también el perro, la cierva, la cabra, el toro y la tortuga fueron animales emblemáticos suyos. Diosa de la caza, la representaban con una túnica corta, calzando sandalias, un carcaj lleno de flechas a la espalda, los cabellos sujetos con una cinta y seguida por un ciervo o cierva (de ahí que sus atributos favoritos fuesen el arco, el carcaj, las flechas). Como patrona de clanes totémicos, todos los años se le ofrecían sacrificios de animales totémicos y de plantas; sin embargo estaba considerada como la protectora de los cachorros. Era ante todo, sin embargo, una diosa lunar, que completaba con Hécate y Selene los aspectos de la triple diosa (la

Luna en sus tres fases visibles). En este sentido la representaban con una antorcha y una media luna creciente, y su culto derivaba del de la Gran Madre que había sido venerada en Éfeso y Delos. Dotada de numerosos poderes, era capaz de enviar la enfermedad o la muerte súbita a los mortales (con sus flechas de fulminante precisión); sabía suscitar epidemias y sanarlas, asistía a los partos, se le solicitaba la fecundidad de los ganados y de las mujeres. Dio su nombre a la artemisa, planta medicinal utilizada como emenagogo (que provoca la menstruación). Diosa de la música bajo la advocación de Ártemis Himnea, presidía los cánticos y danzaba en compañía de las Musas, las Gracias y las ninfas.

Orgullosa de su eterna virginidad, cruel y vengativa, desechó los placeres del matrimonio por los de la caza y la guerra: la «doncella del arco del plata» exigía a sus ninfas una castidad incondicional: ¡ay de la que cediese a las proposiciones de algún dios! Así Calisto, seducida por Zeus y descubierta por la diosa virgen, fue metamorfoseada en osa y habría muerto despedazada si Zeus no la hubiese salvado transportándola al cielo entre las constelaciones. Era sobre todo una diosa de las mujeres y de las doncellas; en cuanto a los hombres, ¡pobre del que se le acercase! Acteón, hijo de Aristeo, que la contempló con demasiada insistencia mientras ella se bañaba en un río, fue convertido en ciervo y devorado por su propia jauría. Como diosa despiadada y vengativa hería con sus flechas a todos cuantos ofendiesen o atacasen a los suyos: a Níobe por haberse envanecido de sus doce vástagos frente a Latona que sólo había tenido dos; a Quione por alabar en demasía la belleza de los suyos; a Admeto, por haber descuidado el sacrificio debido a la diosa el día de su casamiento; a Eneo rey de Calidón por olvidar el ofrecimiento de las primicias, lo que le valió la destrucción de sus cosechas por un enorme jabalí; a Broteas, hijo de Tántalo, por negarse a esculpir una figura de la diosa, lo volvió loco y se mató arrojándose al fuego. Ártemis pertenece a la raza de las diosas rebeldes, antepasadas de todas las militantes que son en el mundo, animadas de su mismo ardor revolucionario: sufragistas, feministas, comuneras, ácratas, etc., en las que encontramos el aliento dinámico de quienes luchan con ardor por la libertad política, social o sexual, o por la emancipación de la mujer.

ATALANTA, la decidida, hija de Esqueneo, rey de Esciro entre los arcadios (o de Yaso), cuando nació esta heroína legendaria fue expuesta por su padre que sólo quería hijos varones. Criada con leche de osa por unos cazadores que la recogieron, se hizo a su vez gran cazadora. Cuando Meleagro organizó la cacería para destruir el jabalí que por orden de Afrodita estaba destrozando las tierras de Calidón, ella empezó matando a los centauros Reco e Hileo que se habían propuesto violarla, y luego asestó el primer golpe a la fiera; Meleagro remató al jabalí, lo despellejó y le regaló a ella el trofeo, lo cual provocó la envidia de sus acompañantes; «el jabalí era el emblema de Calidón y estaba consagrado a Ares, supuesto padre de Meleagro». Atalanta pasaba por ser la más veloz caballista y prometió desposarse con quien la venciese en una carrera, pero al pretendiente que resultase derrotado le cortaría la cabeza. Ella solía darles ventaja, luego los perseguía, los atrapaba y les asestaba el tajo fatal. Hasta el día que apareció Hipómenes (o Melanio, según la tradición arcadia), quien siguiendo un consejo de Afrodita dejó caer tres manzanas de oro durante la carrera; mientras Atalanta se inclinaba a recogerlas él tomó ventaja y alcanzó la meta el primero. Tras desposarse, visitaron un santuario consagrado a Cibeles (a Zeus según otra versión), donde se entregaron a sus ardorosas efusiones. Lo cual era una profanación, y la divinidad ofendida los convirtió en leones y «los unció a su carro» porque «se creía entonces que los leones no se acoplan entre sí, sino únicamente con los leopardos». El castigo infligido a los amantes hace eco, por lo que parece, a «una ancestral ley exogámica según la cual los miembros de un mismo clan totémico no podían casarse entre sí».

ATENEA. La reina del cielo, en su origen era una diosa asociada al relámpago y a las tormentas, nacida en Libia según la tradición de los pelasgos (los primeros habitantes de Grecia), donde tres ninfas que vestían pieles de cabra la hallaron cerca del lago Trotonis (de ahí la advocación ateniense de Atenea Tritogeneia) y la criaron. Según la leyenda primitiva, cuando fue adulta Atenea mató por accidente a Palas, una de sus compañeras de juegos. Para perpetuar su memoria adoptó el nombre de la difunta, anteponiéndolo al suyo propio, e hizo esculpir el paladio (o palladion), un busto sin pies, de tres codos de altura, que la representaba con el pecho cubierto por la égida, un huso y una rueca en la izquierda y una lanza en la derecha. Esta efigie llegó a ser el talismán de la ciudad de Atenas, donde se estableció Atenea cuando pasó a residir en Grecia. Según otra versión el paladio era una figura de madera que la representaba hasta la cintura y que se veneraba en Troya, de la que pasó a ser protectora cuando cayó del cielo cerca de la tienda de Ilión, el fundador de la ciudad destinada a llevar su nombre (Ilión era el nombre antiguo de Troya), donde se guardaba con celo en el santuario de Atenea. Lo cual no impidió que Ulises y Diomedes robasen la reliquia; aunque otros afirman que el paladio se quedó en Troya hasta la conquista de la ciudad por los romanos, o que Eneas lo encontró entre las ruinas del templo y se lo llevó a Italia. Un paladio de madera sobredorada, puesto en un nicho de la proa, protegía las naves y los navegantes. Este relato de la lucha amistosa entre Atenea y Palas lo recoge Apolodoro, quien da del

suceso una versión patriarcal: Palas era hermana de leche de Atenea, hija de Zeus, criada por el dios fluvial Tritón. Y fue Palas quien asestó un golpe a la diosa, y Zeus lo detuvo interponiendo la égida, «que era un odre mágico de piel de cabra que contenía una serpiente, y protegido por una máscara de Gorgona». Los sacerdotes del culto de Atenea daban aún otra versión: Se hallaba Metis a punto de parir cuando Zeus su esposo la devoró. Poco después sufrió un violento dolor de cabeza, y Hermes convenció a Hefesto para le diese un hachazo donde le dolía; de la brecha del cráneo de Zeus nació Atenea completamente armada y tocada con un casco. Siempre según los mitos primitivos,

Atenea se hizo violar por Poseidón y Bóreas, además de tener una relación con Hefesto, de cuya relación nacieron Apolo, Ocno y Erictonio, la serpiente, a quien Atenea confirió el poder de resucitar a los muertos con ayuda de la sangre de la Medusa; símbolo de regeneración, porque cambian de piel todos los años, la serpiente formaba parte del culto de Atenea. Los griegos se negaron a admitir esa versión y postularon la virginidad de la diosa, «símbolo de la inexpugnabilidad de sus ciudades», haciendo de ella Atenea Parthenos, la luminosa diosa-virgen de la Luna, además de Atenea Ergané, «la patrona de la forja y de todas las artes mecánicas». Y contaron que no sólo desengañaba a sus pretendientes sino que además castigaba severamente a quienes le faltasen al respeto: así Tiresias perdió la vista por haberla sorprendido en el baño (a cambio le confirió el don de adivinación), Hefesto fue expulsado del Olimpo en castigo por haber atentado contra su honor, etc. Las numerosas advocaciones o epítetos que se le atribuyeron guardan relación con las funciones que cumplía, o con su aspecto: Glaukopis la de ojos garzos; Hippia la protectora de los caballos; Pronoia la personificación de la prudencia, «prerrogativa masculina» que explica la leyenda de su nacimiento, «astucia desesperada de la teología para sustraerse a las leyes matriarcales»; Agorea o Bulea, la consejera de los dioses y la mediadora en los conflictos. Como Nicéfora es la diosa vencedora en la guerra con su casco, su lanza, su coraza y su égida o escudo adornado con la cabeza de Medusa (atributo mágico que infundía pánico a los enemigos atacantes), capaz de enfrentarse a los más poderosos dioses y héroes, y como era la preferida de Zeus por lo general salía airosa. Poseidón le disputó la invención de la brida, la posesión de un pozo en la Acrópolis y la ciudad de Trecén (mitos políticos que recuerdan una tentativa frustrada de reemplazar el culto a esta diosa por el de Poseidón). Aunque participaba de manera activa en los combates y estuvo a favor de los aqueos en la guerra de Troya, Atenea no era una deidad sanguinaria, a diferencia de Ares y Eris. Dio pruebas de clemencia durante los juicios. También ayudó a Hércules en algunos de sus trabajos, le aconsejó durante la toma de la ciudad de Pilos e hizo posible que el semidiós venciese a Ares, Hades, Hera y Poseidón.

Aconsejó a los argonautas, suministró las armas mágicas con las cuales Perseo pudo cortar la cabeza de la Gorgona, guió a Ulises y a Menelao, etc. Aparte de estas funciones, digamos, masculinas, Atenea tuteló la prosperidad de Grecia como protectora de la agricultura: inventó el yugo para las bestias de tiro, el arado y el rastrillo. También le debían la importación del olivo (oriundo de Libia). Era asimismo la protectora de las familias, del matrimonio (no amparaba las infidelidades de los esposos), y enseñó a las mujeres las artes de la cocina, las textiles y la alfarería: «Las más bellas vasijas cretenses nos consta que eran fabricadas por mujeres, y así también, originariamente, todos los enseres domésticos inventados por Atenea». Los beocios le atribuían además la invención de la trompeta y de la flauta. «Protectora de los lugares altos, las acrópolis, los palacios, las casas de recreo, inspiradora de las artes civiles, agrícolas, domésticas, militares», Atenea representa «la inteligencia activa e industriosa; es la diosa del equilibrio interior, de la medida en todas las cosas», y según Paul Diel, de la combatividad espiritual. Los romanos la asimilaron a Minerva, quien adoptó sus características, la sapiencia, las artes, la música, etc.

ATLAS, el que soporta, hijo de Zeus y de Clímene, y rey de Mauritania, padre de las Híades y de las Pléyades (o Atlántidas). Este gigante le negó la hospitalidad a Perseo, por lo cual éste le enseñó la cabeza de la Medusa y lo dejó convertido en montaña. Según otra tradición, cuando el combate de Zeus contra los Titanes, él se puso de parte de éstos y Zeus lo condenó a sustentar sobre los hombros el Universo. El nombre quizá provenga de la palabra bereber Adrar, montaña; parece que los antiguos sobreestimaron la altura del monte Atlas y lo comparaban con un titán capaz de soportar el mundo entero.

AUGURES, adivinos que practicaban el arte de interpretar los presagios (el vuelo de los pájaros, los truenos, los relámpagos y demás meteoros). De origen caldeo, este arte pasó a Grecia y luego a Roma, donde hubo un Colegio de augures presidido por el *magister collegii*. Llegaron a tener más crédito que los arúspices, quienes tuvieron también un colegio pero considerado como de segunda categoría. Según la ley de las Doce Tablas estaba prohibido desobedecer

a los augures, bajo pena de muerte. Los galos distinguieron el *augurium coeleste*, del relámpago, el *augurium imperativum*, de las aves hambrientas, el *augurium nauticum*, de las aves marinas, etc. Según Catón el Viejo, citado por Cicerón, cuando se encontraban dos augures en la calle les daba la risa, lo cual se aplica en toda época a quienes viven de explotar la credulidad popular.

ÁYAX, Aias, Aiantos, fueron dos los héroes de este nombre que se distinguieron frente a Troya por su valor casi comparable al de Aquiles. Áyax el mayor, hijo de Oileo rey de los locrios, invencible en la carrera, el tiro con arco y el lanzamiento de jabalina. Durante el sitio de Troya rechazó él solo una salida de los troyanos que estuvieron a punto de incendiar la flota griega, e hirió a Héctor en combate singular. Cuando cayó la ciudad entró en el templo de Atenea, ultrajó a la sacerdotisa Casandra y huyó. Pero cuando su nave fue presa de una tempestad y encalló, él se refugió en lo alto de un peñasco y desafió a los dioses amenazándolos con el puño, a lo que Zeus, irritado, le hirió con su rayo y lo precipitó bajo las olas. Áyax el menor, hijo de Telamón rey de Salamina, aportó al asedio una flota de doce navíos. Un sorteo lo designó para luchar contra Héctor en combate singular, pero tras un día entero de pelea el resultado fue de empate y los adversarios se despidieron haciéndose mutuos regalos. Tras la muerte de Aquiles disputó la posesión de las armas del héroe a Ulises, pero éste se las adjudicó mediante un alarde de su artera elocuencia y Áyax, enloquecido de rabia, se precipitó sobre un rebaño de ovejas y las degolló a todas creyendo que eran guerreros. Esta acción suscitó la mofa general y cuando Áyax recobró la razón y se vio en ridículo, se suicidó clavándose un puñal. Los episodios de la vida de estos personajes han inspirado varias obras literarias, la más conocida la tragedia *Áyax*, de Sófocles, que relata este fin de Áyax Telamonio. En Salamina y Atenas se celebraba una procesión llamada de las Eantias en honor de Áyax, consistente en pasear un muñeco en armas sobre un ataúd.

BACANTES, las desencadenadas, sacerdotisas de Baco, en su origen sacerdotisas de un culto lunar, demuestran la dominación de la mujer sobre el hombre desafiando a los sacerdotes de Zeus y de Apolo en sus cimas desiertas y frías; se apropiaron el antiguo culto de Dioniso confiriéndole aspectos sangrientos y temibles (y pasaron a llamarse entonces las Ménades). Instaladas en las soledades de valles profundos e incultos, capturaban leones y panteras que eran la atracción de sus fiestas. Estas seductoras magas llevaban serpientes enroscadas en los brazos, se prosternaban ante la estatua de Hécate, y ejecutaban danzas eróticas voluptuosas que pronto se convertían en ruedas frenéticas. Luego invocaban a Dioniso «el de doble sexo y cabeza de toro»: éste era el Bafomet, aspecto infernal del dios que todavía en la Edad Media era adorado e invocado por las hechiceras. Si un forastero, para su desgracia, se entrometía, se abalanzaban sobre él, lo derribaban y le echaban los leones para que lo destrozasen.

BACO, Bacchus, divinidad romana del vino y de la licenciosidad, quedó asimilado a Dioniso, pero antes se había confundido ya en Roma su culto con el de Liber, una antigua deidad nacional, y también estuvo asociado con el de Libera y Ceres (adaptación de la Deméter griega) en las cerealias (del 12 al 19 de abril) y las liberalias, en primavera y en la temporada de la vendimia.

BELCEBÚ, de Baal Zebub, señor de las moscas, príncipe de los demonios según la tradición siria, representado por una mosca enorme, o por un personaje de mirada penetrante; se dice que su estatua manchada de sangre de los sacrificios estaba siempre cubierta de

moscas, y de ahí el nombre; según algunos, todo esto son invencio-
nes peyorativas de los judíos, después que hubieron renegado del
Baal ugarítico.

BELEROFONTE. El portador de dardos, corintio llamado
también Hipponos, nieto de Sísifo, hijo de Glauco y Eurimede. En su
juventud mató involuntariamente a su compatriota Bélero, y luego a
su hermano Deliades, por lo que se exilió en la corte de Preto rey de
Tirinto para purificarse del doble homicidio. Pero la esposa del rey,
Antea (o Estenebea) se enamoró de él tan pronto como lo vio. Cuando Belerofonte rechazó sus proposiciones lo acusó de haber intentado seducirla. Pese a su cólera
Preto no quiso faltar a las leyes
de la hospitalidad y lo envió a
Yóbates rey de Licia y padre de
Antea con falsas cartas de re-
comendación, en las que real-
mente daba orden de matarlo.
Este episodio ha dado lugar a
una locución proverbial: la carta de Belerofonte designa un
mensaje desfavorecedor para
el encargado de transmitirlo
(el tema del príncipe enviado a

una corte extranjera para que lo maten se encuentra asimismo en la
leyenda danesa de Amlet o Hamlet recogida por Saxo Grammaticus
en el siglo XII, y en la española de los siete infantes de Lara). Yóbates recurrió a una estratagema, y fue que encargó a Belerofonte la
muerte de la Quimera, hija de Equidna, monstruo de cabeza de león
y aliento flamígero que afligía al rey de Caria. Consultado el adivino
Polido, le aconsejó a Belerofonte que primero capturase y domase a
Pegaso, el caballo alado de las Musas del monte Helicón, nacido de
la sangre de la Gorgona. El héroe le echó al cuello la brida de oro,

regalo de Atenea, lo montó y atacó por el aire a la Quimera, acribillándola a flechazos. Luego le hundió en las fauces su lanza con una bola de plomo en la punta; el metal se fundió al calor del aliento y le quemó las entrañas al monstruo. Esta peripecia refleja un rito de investidura de la realeza sagrada: el candidato debía cazar un caballo salvaje. «A juzgar por las prácticas primitivas danesas e irlandesas, el rey comía la carne de ese caballo en un banquete ritual... pero esta parte del mito también es ambigua, pues podría interpretarse que significa la captura, por parte de los invasores helénicos, de los altares que tenía la Diosa de la Montaña en Ascra, sobre el monte Helicón y en Corinto». Además existió un volcán activo en Licia cerca de Faselis, el monte Quimera o «montaña de la cabra», que sería la explicación de lo del aliento de fuego.

A continuación Yóbates le encargó a Belerofonte la lucha contra los solimos, enemigos de aquél y sus terribles aliadas las amazonas. Cabalgando de nuevo sobre Pegaso, los exterminó a todos y luego derrotó a los piratas carios capitaneados por el fogoso Cimarroo. A su regreso burló una trampa tendida por Yóbates, quien con la ayuda de Poseidón provocó una inundación que iba avanzando detrás de él por la llanura del Janto, conforme se encaminaba a pie hacia el palacio. Como ningún hombre podía frenar al héroe, las mujeres se alzaron las sayas y le presentaron los genitales, a lo que Belerofonte huyó espantado y las aguas se retiraron con él. Esa astucia, utilizada también según la mitología irlandesa contra Cuchulainn el héroe del Ulster, refleja la prohibición de relaciones sexuales que afectaba a las mujeres pertenecientes al clan del jefe; en caso de tentación éste debía retirarse ocultando el rostro. Impresionado por estas hazañas que manifestaban la protección de los dioses, Yóbates interpeló a Belerofonte para solicitarle su versión de la supuesta ofensa contra Antea, y dándose cuenta de su error le entregó por esposa a su propia hija Filoné así como el trono de Licia. Envanecido por su éxito, sin embargo, el héroe asaltó el Olimpo volando a lomos de Pegaso. Enfadado, Zeus envió un tábano que picó al caballo en la cola y como se puso a cocear, Belerofonte cayó derribado a tierra; devuelto el caballo alado a la morada de los dioses, Zeus lo unció y lo puso a trabajar como bestia de carga. En cuanto al jinete, algunos cuentan que cayó en un matorral espinoso y que erró el resto de sus días, cojo, ciego y maldito, en el más completo abandono. Pegaso es el símbolo de las pulsiones elementales, pero tiene alas, lo cual indica la capacidad de sublimación espiritual; por tanto, expresa la victoria sobre los deseos exaltados, representados a su vez por la muerte de la Quimera. La ópera *Béllerophon* (poema de Thomas Corneille, Fontenelle y Boileau) tuvo un éxito resonante en 1679, cuando fue representada en la Académie Royale de Musique.

CABALLO DE TROYA, enorme figura de madera en forma de caballo, en cuya barriga cabía un pelotón de guerreros. Lo construyeron los griegos quienes, tras sitiar en vano a Troya durante diez años, no encontraron otro procedimiento para entrar, sino dicha estratagema sugerida por el astuto Ulises.

CADMO, el que viene del Este, hijo del rey fenicio Agenor y de Telefasa, fundador de Tebas de Beocia, al que consideraron uno de los civilizadores del siglo XVI a.C. Personifica la influencia oriental sobre la primitiva civilización de los helenos y se le atribuyó  la fundación de ciudades, la importación del alfabeto, de la fundición de metales, etc. Por orden de su padre salió en busca de su hermana Europa, raptada por Zeus, hasta Rodas, la Tracia y la Fócide. El oráculo de Delfos le aconsejó que abandonase la búsqueda y que construyera una ciudad en el lugar donde viese la primera vaca blanca. Y vivió muchas aventuras antes de recalar en Beocia, donde fundó

Cadmea, luego fortificada y llamada Tebas: por ejemplo, se enfrentó a un dragón devorador y tras sembrar los dientes de éste en tierra, nacieron unos hombres armados que empezaron a matarse entre sí hasta no quedar más que cinco en pie, quienes colaboraron en la construcción de la ciudad. Luego fue esclavo de Ares durante ocho años para expiar la muerte del dragón, y desposó con Harmonía, hija de Zeus y de Electra (o de Ares y Afrodita); la pareja recibió suntuosos regalos de los dioses. Según otra tradición, en su vejez Cadmo fue metamorfoseado en serpiente y abducido a los Campos Elíseos.

CADUCEO, báculo de pastor regalado por Apolo a Hermes, a cambio de la lira de siete cuerdas inventada por éste. Esta vara con unas serpientes entrelazadas (que representan a Zeus y Hera, según la tradición) y coronada por unas pequeñas alas, simboliza la sublimación de la energía sexual instintiva que permite alcanzar planos superiores al humano. El caduceo simbólico se halla asimismo en el calumet ritual de las civilizaciones amerindias, adornado con dos plumas de águila y recubierto de crin de caballo trenzada.

CALÍOPE, la del bello rostro, una de las nueve Musas, la que presidía la poesía épica y la elocuencia. Fue amada de Apolo y le dio dos hijos, Himeneo y Yalemo; desposó con Eagro rey de Tracia que la hizo madre del músico Orfeo y según algunos, de Lino, de las Sirenas y de las Coribantes. Se la representa coronada de laurel y portando un estilo y un rollo para escribir, o una trompeta, o unas tablillas. Lleva este nombre un cuerpo celeste descubierto en 1852 a través del telescopio.

CALIPSO, la que disimula, ninfa que reinaba en la isla de Ogigia, hija de Océano y de Tetis (o de Atlas y una ninfa). Su leyenda se integra en el relato del retorno de Ulises. Cuando éste abandonó Troya y después de un peligroso viaje, en el decurso del cual resistió al canto de las Sirenas, el héroe y sus compañeros sufrieron

una tormenta enviada por el titán
Hiperión. Él fue el único sobrevi-
viente y consiguió llegar con una
precaria balsa a la isla de Ogigia,
donde vivía en una cueva Calipso.
La bella y seductora joven acogió
al náufrago, lo reanimó con vino
fuerte y alimentos, y finalmente
lo acostó en su cama. Enamorada
del héroe que vino del mar, consiguió que éste olvidase patria y
familia. Durante siete años vivieron felices en la isla de los álamos
negros, y engendraron tres hijos:

Latino y los gemelos Nausítoo y Nausínoo. Pero la nostalgia de su
querida Ítaca y la falta de su esposa Penélope se le hacían insopor-
tables. Ulises se cansó de las caricias y los besos de la joven Calipso,
quien sufría en silencio; le prometió la inmortalidad si se quedaba
con ella, pero él languidecía sentado en la playa, la vista fija en el
horizonte. Hasta que llegó el día en que Hermes, enviado por Zeus,
le ordenó a Calipso que dejase partir a su amante. Con la muerte
en el alma ella le ayudó a construir una balsa de troncos y lo cargó
de provisiones. Tras proveerse de los instrumentos necesarios para
defenderse, Ulises se hizo a la mar empujado por el viento, mientras
Calipso quedaba sola en la playa. Según otra leyenda, esta aventura
se repitió durante el viaje de Telémaco, quien amó y abandonó también a la ninfa, episodio de fracaso repetido que recuerda el mito de
Sísifo y que recoge Fénelon en su Télemaque.

CAMPOS ELÍSEOS, Elysion, el Elíseo, lugar de felicidad, en

contraste con el sombrío reino de los muertos. En la *Odisea*, Homero
mencionó aquel lugar idílico situado en el confín del mundo, más
allá del Océano y de Poniente, donde los inmortales viven felices en

sus prados recubiertos de asfódelo, bajo la mirada vigilante del rubio Radamante, entre árboles de frutos dorados (símbolo del Sol poniente que se halla en la mayoría de las tradiciones), guardados por las Hespérides occidentales y en compañía de las Melíades.

CARIBDIS, la que aspira hacia el fondo, hija de Poseidón y de Gea, fue fulminada por Zeus y expedida a un abismo marino por robarle a Hércules algunos de los bueyes que éste había quitado a Gerión. Se la consideraba un monstruo marino que vivía en el estrecho de Sicilia y aspiraba todos los días muchas toneladas de agua, las cuales volvía a escupir en seguida. Por otra parte Escila, hija de Hécate y de Forcis (o de Equidna y Tifón), metamorfoseada por Circe en razón de los celos que inspiraba a ésta el amor de Glauco hacia aquélla (o por Anfitrite celosa del amor de Poseidón), se apoderaba de los navegantes que cruzaban el paso, les rompía los huesos y los devoraba poco a poco. Existe en el estrecho de Mesina un remolino peligroso, hoy llamado el Calofaro; frente a este abismo de Caribdis, hacia la costa de Italia, se alza el escollo de Escila, no menos amenazante. De manera que cuando un marino lograba escapar al primero, aún corría el riesgo de estrellarse contra el segundo, de ahí la expresión «ir a parar de Caribdis a Escila».

CÁRITES, compañeras de Afrodita que se encargaban de vestir y peinar a ésta, célebres por su encanto y su belleza, las tres Cárites tuvieron por progenitores a Zeus y Hera (o Eunomia, o Harmonía, o bien a Dioniso y Afrodita, o Apolo y Aeglé, según versiones). Eran Eufrosine la valerosa, Talía la alegre y Áglae la brillante (también llamada Calé y Pasitea), a las que se representa a veces veladas, y otras veces totalmente desnudas y haciendo corro, abrazadas o tomándose de las manos para bailar. Tuvieron la osadía de enfrentarse a la diosa del Amor en un concurso de belleza, y como se llevó las palmas Áglae, se vio metamorfoseada en una anciana. – En Beocia, donde eran adoradas bajo la forma de aerolitos o meteoritos (be-

tilos), se celebraban en su honor
unas fiestas llamadas caristias.
Para los latinos eran las tres Gracias. Como diosas de la naturaleza
y personificaciones de la luz solar,
favorecían el crecimiento de la vegetación y la maduración de los
frutos. Aportaban a los humanos
la alegría, les procuraban los placeres menores y conferían ameni-
dad y solaz a la vida social.

CASANDRA, la que confunde a los hombres, ¡muchas desgracias padeció la hija de Príamo y de Hécuba, pese a su encanto y su
belleza! Esta troyana llamada también Alejandra obtuvo de Apolo
el don de la profecía a cambio de sus favores, pero luego se negó a
cumplir. En castigo, el dios decretó que sus profecías nunca serían
creídas por nadie. De manera que aun previendo la ruina de Troya,
no pudo impedir la guerra ni la irrupción del caballo de madera.
Durante el saqueo fue ultrajada por Áyax hijo de Oileo en el templo de Atenea, y luego adjudicada a Agamenón, a quien dio dos
hijos. Tampoco pudo impedir el retorno del rey a Micenas, aunque
le acompañó y una vez allí fue muerta por Clitemnestra, la mujer
de Agamenón, mientras Egisto asesinaba al rey. Como profetisa
tuvo culto y un templo en Dárdanos y en Leuctres de Laconia, así
como una estatua en Amiclea, ciudad próxima a Esparta donde se
celebraban las jacinteas. Personaje inevitable de las tragedias que
se han escrito sobre el ciclo de Troya, bajo el nombre de Alejandra inspiró el poema de Licofrón (siglo II a.C.). Un cuerpo celeste
descubierto en 1871 a través del telescopio lleva su nombre. En el
lenguaje coloquial designa a los pesimistas, eternos anunciadores
de desgracias, a quienes nadie hace caso por razonables que sean a
veces sus previsiones.

CASIOPEA, zumo de casia, esposa de Cefeo rey de Etiopía, madre de Andrómeda, osó desafiar a las nereidas comparándose en belleza con ellas. Poseidón exigió que echasen la hija a un monstruo marino, pero la salvó Perseo, quien desposó con ella. A su muerte se convirtió en la constelación boreal llamada también la Silla o el Trono.

Chiron Centaurus.

CENTAUROS, Kentauroi, hijos de Néfele, la nube (o de Centauros) y de Ixión, hijo de Ares, personajes mixtos mitad caballo mitad humano, oriundos de Tesalia. Eran indómitos, de costumbres bárbaras y brutales, y comían carne cruda. Malhechores generalmente, excepto Folo el amigo de Hércules y Quirón, que tuvo amistad con Apolo, Jasón, Esculapio y Hércules, y fue preceptor de muchos héroes (Aquiles, los Dioscuros, Teseo, Palamedes). Representados en principio como «dos hombres unidos por la cintura a unos cuerpos de caballo, que andan enfrentados y bailan», luego se formalizó la representación como busto humano unido a un cuerpo equino, y su nombre «quizá tiene la misma raíz que el latín centuria, es decir una tropa compuesta por cien guerreros». Estaban siempre en hostilidades con los lapitas, como demuestra el episodio de las bodas de Pirítoo con Hipodamía: embriagados por el vino, que no tenían por costumbre beber, ya que habitualmente consumían leche cuajada, intentaron violar a la novia y a los jóvenes invitados. Lo cual fue el comienzo de una larga guerra dirigida por Ares y Eris. Algunos dicen que los centauros fueron exterminados en el decurso de estos combates; otros, que huyeron haciéndose a la mar y perecieron víctimas de las Sirenas. Es posible que la batalla entre centauros y lapitas constituyese una explicación legendaria de las tormentas. Estos personajes simbolizan la brutalidad de los instintos y los excesos de la naturaleza o, digamos, el animal que se esconde en el fondo del hombre y se manifiesta «en la concupiscencia carnal, en todas las violencias por las cuales el hombre se pone al nivel de los brutos, cuando no las contrarresta el poder del espíritu».

CERBERO, el demonio del abismo, llamado comúnmente «el can Cerbero», perro de tres cabezas, hijo de Tifón y de Equidna, que vigilaba las ánimas en los Infiernos. Para apaciguarlo, el difunto le daba un pastelillo de miel (que se enterraba con él, al lado del óbolo destinado para el barquero Caronte); de lo contrario devoraba sin piedad a quienquiera que intentase forzar el acceso a los Infiernos; así atacó a Pirítoo y Teseo que pretendían llevarse a Perséfone. Pero se dejó encantar por la lira de Orfeo cuando éste acudió para reclamar a Eurídice; dejó pasar a Eneas, quien le dio el pastel de miel preparado por la Sibila; y fue dominado y encadenado por Hércules, quien se lo llevó a Trecén, aunque luego lo devolvió a los Infiernos. Lleva este nombre una constelación boreal de cuatro estrellas dispuestas alrededor de un astro central llamado «la mano de Hércules».

CERES. Del griego *kerus* y el latín *creare*, crear, hija de Saturno y de Rea, es una divinidad itálica de mucha antigüedad pero que acabó por quedar totalmente identificada con la Deméter griega. En el mito, Perséfone recibe el nombre de Preréfata o Proserpina, fruto de los amores de Ceres y Júpiter, llevada por Plutón a su reino subterráneo. Ante los lamentos de la madre, los dioses no muy compasivos se limitan a recetarle láudano que la ayude a conciliar el sueño. Movida por el amor a su hija, Ceres unce dos dragones alados, se hace con una antorcha que prende al pasar sobre el Etna y cruza por los aires llamando con agudos gritos a Proserpina. Su culto fue introducido en el 496 a.C. entre los romanos, al mismo tiempo que los de

Perséfone o Coré (Proserpina) y Dioniso (Baco o Líber). Como sea que se hubiese declarado una epidemia y consultados que fueron los libros sibilinos, erigieron un templo común a estas tres divinidades griegas, que se confundieron con Ceres, Libera y Líber. Hasta la época de Cicerón iban a buscar las sacerdotisas entre las griegas de Nápoles o de Elea, con el resultado de que la leyenda de Ceres conservó las características griegas y las tradiciones eran del todo similares a las de Eleusis o Enna. Los romanos celebraban al año tres fiestas en honor de la diosa de la agricultura y de las cosechas: los ludi cerealia (instituidos en 493 a.c.) duraban ocho días y perpetuaban con sus ritos imitativos el mito griego: el 15 o idus de abril, al caer la noche, unas mujeres vestidas de blanco y portando antorchas encendidas corrían alrededor del templo, seguidas de la multitud que profería grandes clamores.

El sacrum anniversarium Cereris (desde la 2ª mitad del siglo III a.C.) lo celebraban en agosto las mujeres exclusivamente. Y en octubre guardaban un ayuno, el jejunium Cereris establecido en 191 a.C. El año 44 a.C. César instituyó dos magistrados, los aediles cereales, para que presidieran estas celebraciones. A Ceres se le consagraron la cerda (como símbolo de maternidad), el carnero, la grulla y la tórtola. La constelación de Virgo llevó su nombre antes de que se descubriese el planeta Ceres, de ahí el nombre de una estrella de dicha constelación, la espiga de la Virgen. Es también la procedencia de las iconografías del signo zodiacal de Virgo, la doncella con una hoz y una gavilla de trigo.

CIBELES. La diosa del hacha, gran diosa frigia (la Frigia, región bravía y salvaje, se extendía por las costas del Egeo, la Propóntide y el mar Negro o Ponto Euxino), la Magna Mater del Próximo Oriente, símbolo de la potencia indómita de la naturaleza, de la energía ctónica (es decir, telúrica, vinculada a la tierra entonces considerada como origen de toda fecundidad); por eso aparece siempre acompañada de animales salvajes. La leyenda la describe como una deidad andrógina que brotó de la tierra; de sus órganos masculinos salió un almendro, de cuyos frutos nació Attis al comerlos Nana, la hija del río Sangario. La andrógina, o «mujer barbuda», y el hermafrodita corresponden a épocas de transición de las sociedades. «En tanto que concepto religioso, nacen durante el paso al sistema patriarcal que reemplaza al matriarcado... Esa andrógina era la madre de un clan prehelénico que se sustrajo al sistema patriarcal; para conservar sus prerrogativas, como la administración de justicia o la facultad de ennoblecer a los hijos habidos de un padre esclavo, exhibe una barba postiza como era la usanza en Argos». Se representaba a Cibeles sentada en un trono defendido por dos leones (sus atributos eran el león y la pandereta), en la mano un látigo adornado con huesecillos que simbolizaba su poderío. En Éfeso estaba representada por una piedra negra, un meteorito o betilo. Cibeles desposó con Gordias, rey de Frigia, célebre por el complicado nudo con que ataba el yugo de su carro, expuesto en el templo de Zeus (era el «nudo gordiano», que fue cortado por Alejandro). La pareja engendró a Midas, quien sucedió a su padre en el trono. Este irreflexivo rey de Frigia fue obsequiado con unas orejas de burro por Apolo, a quien había irritado, pero Dioniso le confirió el poder de transformar en oro todo lo que tocase. El infortunado rey no tardó en lamentar su codicia e imploró al dios, quien le aconsejó que para disipar el encantamiento se purificase bañándose en el Pactolo; desde entonces dicho río arrastra pepitas de oro. Cibeles concibió un amor plátonico por el bello pastor Attis, que tuvo desenlace infeliz.

CÍCLOPES, los que tienen el ojo rodeado de un círculo, eran tres estos seres monstruosos y fieros que sólo tenían un ojo, habitantes de los lugares subterráneos, las grutas, las cavernas. Compañeros de Hefesto, o Vulcanus como le llamaron los latinos, trabajaban en sus fraguas donde se fabricaban las armas y los ornamentos de los dioses. Combatieron al lado de Zeus contra los Titanes. Se les atribuía la práctica del canibalismo. En su origen fueron sin duda dioses de las tormentas, según lo manifiestan sus nombres (Estéropes, Arges, Brontes, la tormenta, el relámpago y el trueno); el ojo único tal vez personificaba el nubarrón de tormenta de donde escapa el rayo, parecido a un ojo inmenso. A lo que parece, esos monstruos «eran una corporación de forjadores del bronce de la Hélade primitiva. Cyclops significa «ojo cercado» y probablemente se les tatuaba un círculo en la frente para honrar al Sol, origen del fuego de sus fraguas, lo mismo que hicieron los tracios hasta la época clásica. Los círculos concéntricos son un emblema secreto de los metalúrgicos», que utilizaban matrices de esa forma para fabricar copas o cascos. El culto de Cibeles se celebraba en grutas o en las cimas de los montes; más tarde se confundió con el de Attis, cuya muerte y resurrección periódicas figuran el ciclo de las estaciones y la renovación primaveral. Cibeles se convirtió en símbolo de la fecundidad a través de la muerte y era celebrada mediante ritos orgiásticos en los que se trataba de establecer una comunión total entre las divinidades y los fieles en el éxtasis de la orgía.

CIRENE, experta en arneses, hija de Hipseo y de la náyade Clidanope, nieta del dios río Peneo y de Creusa, prefirió cazar animales salvajes en el monte Pelión antes que dedicarse a las faenas domésticas. Cierto día, Apolo fue testigo de su lucha victoriosa contra un león, la raptó y la transportó en su carro de oro a Libia, a la región que se llamó luego la Cirenaica. Recibidos por Afrodita, se acostaron en una alcoba de oro y Apolo le prometió a Cirene que reinaría sobre un país próspero. Confiada a las ninfas del Mirto, dio a luz un hijo, Aristeo, y luego, tras una segunda visita de Apolo, a Idmón el futuro adivino. Aristeo, a quien las ninfas pusieron por sobrenombre Agreo, aprendió a cultivar el olivo, a fabricar quesos y a construir panales, artes que introdujo en Grecia. Por eso el mirto, en principio asociado a los difuntos, se convirtió en símbolo de la colonización «y los emigrantes llevaban consigo ramas de mirto para demostrar que habían superado cierto período». Una noche Cirene se unió también con Ares y tuvieron a Diomedes de Tracia. Según otras fuentes, a Cirene le fue ofrecido un reino en Libia por el rey Euripilo, tras haber muerto aquélla un león que aterrorizaba a los libios. Virgilio hizo de Cirene una ninfa que vivía en el fondo del río Peneo.

Clío, la que proclama, la que glorifica, la primera de las nueve Musas, hija de Zeus y de Mnemosine, presidía la historia y la epopeya. Por haberse atrevido a criticar los amores de Afrodita con Adonis, la diosa le infundió una violenta pasión hacia Piero rey de Macedonia, de quien tuvo a Jacinto, cuya vida no fue afortunada; otros hijos que se le adjudican son Lino, Saleme e Himeneo. La representan coronada de laureles, con un rollo de escrituras en una mano y una trompeta en la otra, otras veces con una cítara, cuyo invento se le atribuye. Ninfa oceánida del mismo nombre, compañera de Cirene, la madre de Aristeo. Asteroide telescópico descubierto en 1865.

Clitemnestra, la honorablemente cortejada, hija de Leda y de Tíndaro rey de Esparta, hermana de Helena y de los Dioscuros, esposa de Agamenón, de quien tuvo a Orestes, Electra, Ifigenia y Crisótemis. Durante la guerra de Troya tuvo relación ilícita con Egisto y cuando su marido regresó acompañado de Casandra, los mató a ambos con la complicidad de Egisto (porque no había perdonado a su esposo el sacrificio de Ifigenia).

CREONTE, el gobernador, hermano de Yocasta, reinó en Tebas después de la muerte de su cuñado Layo; luego dimitió ante Edipo que había vencido a la Esfinge, y le concedió la mano de Yocasta. Al descubrir el incesto cometido por los esposos expulsó a Edipo, cuyos hijos gemelos Eteocles y Polinices debían reinar alternativamente en Tebas, un año cada uno. Al término de su reinado, sin embargo, Eteocles se negó a ceder el trono a Polinices, y lo desterró de la ciudad. En el decurso de la guerra de los «Siete Jefes» (Polinices, Tideo y cinco argivos), el oráculo de Tiresias exigió el sacrificio de Meneceo, hijo de Creonte, para que fuese posible la victoria. Luego los dos hermanos se mataron en un combate singular que debía haber servido para decidir la sucesión al trono. Antígona transgredió la prohibición de enterrarlos. Según algunas versiones Creonte murió a manos de Lico el eubeo, hijo de Poseidón y de Dirce que atacó Tebas y se hizo con el poder aprovechando una sedición; otras fuentes dicen que fue muerto por Teseo.

CRONOS, el cuervo, hijo de Urano y de Gea, padre de Zeus. Destronó a su padre y reinó sobre el mundo con su hermana-esposa Rea. El oráculo decretó que sería a su vez destronado por uno de sus hijos, motivo por el cual los devoraba tan pronto como nacían. Sin embargo Rea logró salvar a Zeus presentándole una piedra en lugar del recién nacido; éste fue enviado a Creta y cuando se hizo adulto, declaró la guerra a su padre y a los Titanes. Éstos, vencidos, fueron arrojados al Tártaro. – Según otra tradición, se le asignó a Cronos la soberanía sobre la isla de los Bienaventurados y fue rey de una edad de oro durante la cual la tierra prodigaba sus frutos, en un paraíso donde se vivía sin trabajar. – Venerado en Olimpia y en Atenas, quedó asimilado al dios del tiempo y se le representaba en figura de anciano que lleva una guadaña; los latinos lo identificaron con Saturno, que había sido en su origen una divinidad secundaria de las siembras. *Saturno devorando a sus hijos* es una de las célebres «pinturas negras» que realizó Goya en su casa «la Quinta del Sordo».

CUERNO DE LA ABUNDANCIA, uno de los cuernos
de la cabra Amaltea, regalado por Zeus a las hijas de Meliso prometiéndoles que se llenaría siempre con cualquier cosa que se les antojase. En otra versión las Hespérides llenaron el cuerno de frutos para ofrecérselo a Plutón y Hércules se lo llevó al Tártaro siendo

éste su duodécimo trabajo. Según otra variante el cuerno se vincula a la leyenda de Aqueloo; cuando murió Amaltea, en señal de agradecimiento Zeus se fabricó un escudo que revistió con su piel y la colocó a ella en el cielo, donde ha formado la constelación de Capricornio. Hay que observar la dualidad del simbolismo; el cuerno es al mismo tiempo símbolo fálico, evocador de la fuerza, la virilidad, el poder genésico, y símbolo femenino de fecundidad y abundancia, significados éstos que comparte con el signo zodiacal asociado de Capricornio. También representa la abundancia de los dones de la naturaleza. La cornucopia es un elemento decorativo en figura de cuerno de la abundancia.

CUPIDO, el deseo, homólogo latino de Eros, geniecillo alado que acompañaba a Venus.

DÁNAE, la reseca, hija de Eurídice y de Acrisio rey de Argos, fue seducida por Zeus en forma de lluvia dorada. Para los sumerios Dánae era Dam Kina y los hebreos la llamaron Dinah. Su leyenda fue narrada por numerosos poetas: Hesíodo, Píndaro, Horacio, Ovidio, etc., representada en forma de tragedia por Esquilo, Sófocles y Eurípides; en cuanto a la escena de Dánae recibiendo la lluvia de oro, hay cuadros de Van Dyck, Tiziano, Rembrandt, Boucher y otros.

DANAIDES, las que juzgan, magas o tal vez mantis religiosas, gracias a su belleza las cincuenta hijas de Danao rey de Argos consiguieron cautivar a sus cincuenta primos con intención de matarlos. Fue que Danao tuvo una querella con su hermano Egipto y tras abandonar el país de este nombre, fingió reconciliarse con él y organizó el múltiple enlace que se ha dicho; pero la noche de bodas fue fatal para los novios, que murieron degollados. El único que se salvó del terrible sino fue Linceo, a quien no mató su esposa Hipermnestra. Las danaides se purificaron en las aguas del lago de Lerna bajo el patrocinio de Hermes y de Atenea, y luego volvieron a casarse con

unos pelasgos, de donde surgió la estirpe de los dánaos. Más tarde Linceo mató al tiránico padre Danao, reinó en su lugar y exterminó a las criminales danaides expidiéndolas al Tártaro. Allí fueron condenadas a llenar eternamente de agua un tonel sin fondo. Se interpreta que las danaides eran «las antiguas sacerdotisas del agua en Lerna, y que tres de ellas llamadas las Telquinas, es decir «magas», dieron nombre a las tres ciudades principales de la isla de Rodas; en la época de la guerra de Troya se llamaba dánaos a todos los griegos, genéricamente considerados descendientes de Danao el fundador de Argos. El suplicio o castigo de las Danaides es asunto repetido en las mitologías de origen ario, y simboliza «un trabajo tan penoso como inútil, o cómo la prodigalidad conduce a la pobreza, o en una palabra, la insatisfacción perpetua». El tema inspiró una epopeya muy antigua, la *Danaidea*, en la que se basaron luego Arquíloco y Esquilo (*Las Suplicantes, Amimone*), entre otros. En 1784 tuvo gran éxito *Les Danaïdes*, ópera en cinco actos con música de Antonio Salieri. Los pintores y los escultores también representaron a las magas, cuyas estatuas se dice decoraban el templo de Apolo Palatino. Los renacentistas Hector Leroux y Tony Robert Fleury pintaron unas *Danaïdes aux Enfers*.

DÉDALO, el artista hábil, fundador de la estirpe de los dedálidas, vivió en Atenas hasta que mató por envidia a un sobrino y aprendiz suyo, Talos. Obligado por el Areópago a exiliarse, fue a Creta. En Cnossos mereció la inquina del rey por haber fabricado, a instancias de la reina, una figura hueca en forma de vaca para que ella pudiera juntarse con el toro blanco redimido del sacrificio. Para ocultar la deshonra de Pasífae, Minos hizo que Dédalo construyese el famoso laberinto, donde encerró a su mujer, al Minotauro, así como al mismo Dédalo y a su hijo Ícaro. El astuto arquitecto fabricó unas alas con plumas y cera, y escapó volando con su hijo Ícaro; pero éste se acercó demasiado al Sol y al fundírsele la cera de las alas cayó en el mar Egeo. Dédalo se detuvo en Cumas, ciudad italiana donde consagró sus alas a Apolo y le construyó un templo con techo de oro; luego se puso al servicio de

Cócalo rey de Sicilia, para quien construyó una fortaleza inexpugnable y magníficos edificios. Mientras tanto Minos había salido con una flota en busca de Dédalo; llegado a Sicilia, propuso a Cócalo una recompensa a quien supiera enhebrar un hilo a través de una caracola, sabiendo que sólo Dédalo sería capaz de conseguirlo. El arquitecto, tras agujerear la parte superior de la caracola, ató un hilo muy fino a una hormiga tras hacer correr un hilo de miel por las espirales de la caracola, y así logró enhebrarlo. Minos exigió a Cócalo que le entregase a Dédalo; pero las hijas del rey, complacidas con los autómatas que el inventor construía para ellas, idearon un procedimiento para salvarlo. Mientras Minos se disponía a bañarse, echaron pez hirviendo por un agujero practicado en el techo del baño; Minos quedó escaldado y su cadáver fue devuelto a los cretenses. Dédalo abandonó Sicilia para dirigirse a Cerdeña con su sobrino Yalco, conductor del carro del Hércules de Tirinto. Una vez allí construyó muchos edificios. Cada sesenta años se celebraban en Beocia unas fiestas llamadas dedalias; Dédalo personifica los progresos de la arquitectura y la escultura antiguas: «Sus artes fueron in troducidas en el Ática procedentes de Creta... Los juguetes que fabricaba para las hijas de Cócalo seguramente eran muñecos provistos de miembros articulados...».

DEÍFOBO, el que teme a los saqueadores, hijo de Príamo y de Hécuba, reconoció a su hermano Paris que había sido abandonado años antes por el padre. Durante el asedio contra su ciudad se distinguió por sus acciones heroicas. Fue el que envalentonó a Héctor para que matase a Aquiles. Después de la muerte de Paris y desoyendo los consejos de su hermano Heleno, desposó con Helena, pero cuando cayó la ciudad ésta lo entregó a Menelao y Agamenón, que lo mutilaron atrozmente y arrojaron su cadáver a la playa. Se cuenta que luego fue decentemente sepultado por Eneas, quien erigió un monumento recordatorio en un monte cercano. La historia de Deífobo inspiró a Virgilio una escena del descenso de Eneas a los Infiernos en la Eneida. También llevó este nombre un hijo de Hipólito y de Amiclea.

DELFOS, la matriz, el seno, el centro de la tierra, ciudad de la Fócide con templo dedicado a Apolo, en la vertiente occidental del Parnaso, cerca del Plisto, donde los dioses comunicaban con los hombres por mediación de la Pitia (de ahí el nombre genérico de pitonisa que se da a las adivinas), oráculo de los más consultados en la Antigüedad.

DEMÉTER. La madre de la cebada, hija de Cronos y de Rea, hermana de Zeus y madre de Perséfone (o Coré), diosa de la tierra y de los cereales, de cabellera rubia como el trigo. Deméter sedujo a los dioses mayores del Olimpo pero éstos no lograron enamorarla, así que no tuvieron más remedio que recurrir a las astucias y estratagemas. Poseidón se convirtió en caballo cuando ella se hubo metamorfoseado en yegua tratando de eludir su asedio. De esta unión nació Arión, un caballo que tenía un pie humano y hablaba, y una hija, Despoina, que quiere decir «la dueña» (Dasapatni en sánscrito; el mito se ha puesto en relación con una invasión helénica de Arcadia y la importación de caballos de gran alzada, los cuales eran objeto de un culto al otro lado del mar Caspio; «esta leyenda existe en la primi-

tiva literatura sagrada de los hindúes: Saranyu se
convirtió en yegua, y entonces Vivaswat se hizo
garañón y se unió con ella, y fruto de estos amores fueron los dos héroes Asvins». Tampoco
quiso ceder a los deseos de Zeus, y éste se transformó en toro para poseerla; así engendraron un
hijo, Yaco, y una hija, Coré, luego identificada con la esposa de Hades y reina de los
infiernos Perséfone (Proserpina para
los romanos), resultado «de comparar
el ciclo estacional de la vegetación con
el de la vida humana según se desarrolla en
este mundo y en el otro». Sí se dejó seducir por el
amor del titán Yasión, «y se unieron sin tapujos en
un campo labrado tres veces», de lo que nació el dios de la riqueza,
Pluto. El furioso Zeus liquidó a su rival fulminándolo. El episodio
principal de la leyenda es, sin embargo, el rapto de Perséfone en los
llanos de Eleusis de Ática por Hades rey de los Infiernos, mientras
aquélla estaba contemplando un narciso.

Durante nueve días con sus noches Deméter recorrió la Tierra en
busca de su hija. El décimo día le fue revelado el nombre del raptor
por Helios (símbolo del calor y de la luz solar). La ofendida madre
declaró que no regresaría al Olimpo mientras estuviese Perséfone
prisionera en el Tártaro, y se refugió en casa de Celeo rey de Eleusis, esposo de Metanira. La diosa quiso conferir la inmortalidad al
hijo de ambos, Demofonte, y lo sostuvo colgado sobre una hoguera
«para consumir su humanidad»; pero sobresaltada por la inesperada
irrupción de Metanira, lo dejó caer y el niño murió. Para consolarla,
Deméter confió una espiga de trigo a otro de los hijos, Triptólemo,
y le encargó la misión de recorrer toda Grecia para enseñar a los
hombres la agricultura y la fabricación del pan. Seguidamente visitó
a Fítalo (de phyton, «planta»), miembro de la familia sacerdotal de
los Fitálidas, que se dedicaron a su culto en el Ática, y les regaló el

olivo (la higuera según otras versiones). Luego se retiró a Eleusis, a preparar un año de hambruna para los humanos, en venganza por el rapto de su hija. Durante la ausencia de la diosa los árboles no darían frutos, los prados quedarían secos y la raza humana correría peligro de extinción. Zeus envió a Hermes para que rescatase a Perséfone. Pero Hades no quiso permitirlo, pretextando que aquélla había comido ya el alimento infernal y por tanto no podía regresar al mundo de los vivos. Como solución de compromiso, decidieron que la Reina de los Infiernos se quedaría seis meses con su madre (primavera y verano) y con Hades los otros seis (otoño, invierno), división que representa el ciclo de la vegetación, con la estancia de la semilla bajo tierra mientras germina, la tristeza invernal, seguidas de la alegría primaveral y el despunte de la vida.

El culto a Deméter era, por consiguiente, un ritual agrario en esencia, basado en el ciclo de las muertes y los renacimientos, y el cultivo del trigo. La diosa de la germinación y de la cosecha del trigo representaba así «el aspecto cultivado, «domesticado", de la Madre Tierra; en efecto simboliza una fase capital en la organización del suelo, el paso de la simple recolección al cultivo, de lo salvaje a lo civilizado». Después de sacar el grano de los graneros «donde lo guardaban después de la trilla de junio hasta octubre, el momento indicado para sembrarlo» se celebraban las solemnes fiestas llamadas tesmoforias. En noviembre, pues, cuando habían acabado las faenas de siembra en casi todos los países donde hubo griegos. Estas fiestas, originariamente celebradas al aire libre, entre el 650 y el 600 a.C. se convirtieron en misterios, a imitación de los de la diosa egipcia Isis, importados en Eleusis, que pasaba por ser el centro de la agricultura, con la pretensión de procurar la inmortalidad a los iniciados, quienes debían guardar el secreto bajo pena de los más terribles castigos. De hecho la iniciación servía para procurar a los adeptos «una nueva concepción de la existencia que les permitiría elevarse por encima de las contingencias del tiempo y el espacio».

DEMOFONTE o Demofon, la voz del pueblo, hijo de Teseo y de Fedra, rey de Atenas que participó en el sitio de Troya, donde liberó a Etra, su abuela convertida en esclava de Helena. Durante el camino de regreso hizo escala en Tracia, donde se enamoró de él la princesa Filis, que había sucedido a su padre Sitón, y lo desposó. Él reinó una temporada pero luego se cansó y anunció que regresaba a Atenas, prometiendo volver antes de que terminara el año. Filis le acompañó al puerto de Enneodos, donde le entregó una arqueta y le dijo que no la abriese sino cuando hubiese abandonado toda esperanza de regresar a ella. Pero Demofonte, que no tenía la menor intención de ir a Atenas, puso proa hacia Chipre y se estableció allí. Cuando Filis se dio cuenta de que no iba a volver nunca se envenenó (o se arrojó al mar cerca del cabo Pangeo, donde luego se construyó la ciudad de Anfípolis). Al mismo tiempo la curiosidad de Demofonte hizo que abriese la cajita. Al ver lo que contenía perdió la razón, y salió al galope sobre su caballo, que se desbocó y lo derribó sobre la punta de su propia espada, que había salido disparada y se había clavado con la empuñadura en tierra. Se suele confundir a Filis con otra princesa tracia del mismo nombre, que también tuvo un sino desgraciado: enamorada de Acamante, hermano de Demofonte, le esperó en vano, murió de pena y fue metamorfoseada en almendro.

DEMONIOS o daimon, genios que presidían el destino de los humanos y se manifestaban en las circunstancias penosas o dolorosas: enfermedades, lutos, pánicos, tristeza, etc.

DEUCALIÓN, el marino del vino nuevo, hijo de Prometeo y de Clímene, antepasado de los helenos, que se salvó con su esposa Pirra hija de Epimeteo y Pandora, del diluvio que Zeus, irritado por los crímenes de los humanos, hizo llover sobre éstos. Instruidos por Prometeo construyeron un barco que flotó durante nueve días hasta abordar la cima del Parnaso. El oráculo de Temis les ordenó que arrojasen por encima del hombro los huesos de su madre. Ellos entendieron que se refería a las piedras, los huesos de la tierra, madre de todos los humanos. Cada piedra arrojada por Deucalión se transformó en un hombre, y de cada una de las que arrojó Pirra nació una mujer. Luego erigieron un templo a Zeus Phryxios, instituyeron las hidroforias (unas fiestas en conmemoración del diluvio). Según algunas versiones todos estos acontecimientos ocurrieron en Tesalia, según otras en Sicilia y el monte abordado fue el Etna, o el Athos. Tuvo Deucalión dos hijos, Anfictión y Heleno, padre de Eolo, de Doro y de Juto. Se cita asimismo a un Deucalión hijo de Minos y de Pasífae (o de Creté), padre de Idomeneo; participó en la expedición de los argonautas y en la cacería del jabalí de Calidón; hubo otro hijo de Hércules y una tespiade, y otro que era hijo de Hipersasio y de Hipso, hermano de Anfión.

DEYANIRA, la que recoge el botín, hija de Eneo rey de Calidón (o de Dioniso) y de Altea. Fue famosa por su belleza y para elegir entre sus numerosos pretendientes, decidió que se casaría con el más fuerte, que resultó ser Hércules. Mientras iban a Traquis se detuvieron ante el río Eveno y el centauro Neso se ofreció a Deyanira para vadearlo. Cuando llegaron a la otra orilla el centauro intentó violarla pero Hércules lo mató disparándole una flecha envenenada. Antes de morir regaló a Deyanira su túnica empapada de sangre, haciéndole creer que serviría para devolverle el amor de su esposo si alguna vez éste le fuese infiel. Poco después Hércules la abandonó por Yole hija de Éurito, y Deyanira le envió la túnica, que él se puso en seguida. Los dolores fueron tan atroces que prefirió arrojarse a una pira en el monte Eta. Desesperada, Deyanira se quitó la vida. Su hijo Hilo fue el antepasado común de los Heráclidas. Este relato inspiró a Sófocles Las Traquinianas y a Séneca Hércules en el monte Eta; Guido Reni pintó un *Rapto de Deyanira*, asunto también frecuentado por Rubens y Pollaiuolo, entre otros. En 1875 se dio este nombre a un cuerpo celeste descubierto a través del telescopio.

DIANA, divinidad latina que acabó por asimilarse a la Ártemis griega, en principio era una diosa de la naturaleza, de los bosques y de los montes venerada por los sabinos en el monte Algide, en el Corné y también, bajo la advocación de Diana Tifatina, cerca de Capua. La Diana Aricina recibía culto en los montes Albanos, cerca del lago Nemi, en cuyo santuario, si uno quería ser sacerdote, debía matar al titular. Recibió este nombre un asteroide descubierto en 1863.

DIDO, o Elisa, o Elissa, hija de Bel rey de Tiro (o de Muto), hermana de Pigmalión, que sucedió a su padre e hizo matar al esposo de ella, Sicarbas o Siqueo, sacerdote de Hércules, con intención de apoderarse de los tesoros del templo. Pero Dido huyó con ellos y en compañía de numerosos troyanos. Pasaron por Chipre y luego desembarcaron en África, en las costas de Zeugitania, donde Yarbas rey de los gétulos se avino a darles tanta tierra como pudiese abarcar un pellejo de buey. La astuta Dido hizo cortar un pellejo a tiras muy finas, y con ellas marcaron un solar suficiente para construir una ciudadela. Allí se levantó Birsa, la acrópolis de Cartago. Yarbas quiso casarse con ella ofreciéndose a garantizar la seguridad de los troyanos; ella fingió aceptar, pero llegado el momento, hizo preparar una pira, subió a ella y se dio muerte con un puñal. En Cartago era venerada como fundadora de la ciudad. Después de las guerras púnicas se dio en creer que Eneas, empujado por los vientos hasta las costas de África, fue recogido por Dido, a quien sedujo y luego abandonó. Esta leyenda forma la cuarta parte de la Eneida de Virgilio; sus distintos momentos han inspirado infinidad de obras pictóricas y una ópera en tres actos de Henry Purcell, Dido and Aeneas, estrenada en Londres (1700).

DIOMEDES, hábil como un dios, príncipe de Argos oriundo de Etolia, hijo de Tideo y de Deífila hija de Adrasto, participó en la expedición de los Epígonos para vengar a su abuelo Eneo que fue expulsado de Etolia por los hijos de Agrios. Pretendió sin éxito a Helena, y participó en la guerra de Troya con una flota de ochenta naves. Realizó muchas acciones brillantes; acompañó a Ulises para sacar a Aquiles de Esciro, y luego fueron por Filoctetes en Lemnos; se apoderó de los caballos de Reso y estuvo entre los que se metieron en el célebre caballo de madera para entrar en Troya, a cuyo saqueo colaboró activamente. Anteriormente había luchado y salido vencedor contra Héctor y Eneas; se atrevió con Ares el dios de la guerra, hiriéndole en el costado, y con Afrodita, a quien atravesó la mano. La indignada diosa del amor hizo que su esposa Egialea le fuese sobradamente infiel; cuando Diomedes regresó a su país y descubrió estas aventuras se exilió en Italia meridional, en la corte de Dauno rey de Apulia, quien le entregó la mano de su hija Eripa. De acuerdo con una antigua tradición, fundó numerosas ciudades griegas en Italia; según otra, fue muerto por Dauno.

El episodio de la irrupción con Ulises en Troya para robar la estatua de Palas inspiró el cuadro de Rubens Diomedes y Ulises ro bando el Paladión. Hubo otro Diomedes, hijo de Ares y de Cirene, que fue rey de los bistones de Tracia y tuvo unas yeguas antropófagas que arrojaban fuego por los ollares; el rey les echaba de comer a los forasteros que se aventuraban por la región, hasta que vencido por Hércules, fue a su vez devorado por ellas. Nombre de una hija de Forbas rey de Lesbos raptada por Aquiles, quien la convirtió en su concubina y esclava. También es el nombre de un asteroide perteneciente al grupo de los llamados «planetas troyanos».

DIONISO. El dios cojo, hijo de Zeus y de Sémele (o de Deméter, o de Ío), tuvo un nacimiento bastante extraordinario: su madre fue fulminada por haber querido admirar a su amante en todo su esplendor. Zeus lo arrancó de las entrañas de su madre y lo guardó tres meses en su propio muslo, hasta que nació el mismo día en que hubiese llegado a término la gravidez, de ahí que lo llamasen «el dos veces nacido», o «el hijo de la doble puerta». Y según la leyenda, cornudo, y con la cabeza coronada de serpientes. Se manifestaba en forma de león, de toro o de serpiente: «Nacía en invierno con forma de serpiente (o coronado por una serpiente), se hacía león en primavera, y en estío era muerto y devorado bajo la forma de toro, de macho cabrío o de venado. Ésas fueron también las formas que adoptó cuando lo atacaron los titanes» por orden de Hera, lo despedazaron e hirvieron sus trozos en un caldero (esta peripecia era el

asunto de sus misterios, que recuerdan los de Osiris). Se cuenta que nació un granado en el mismo lugar donde había derramado su sangre. Su abuela Rea recogió los miembros dispersos para reconstruir su cuerpo y lo reanimó. Entonces Zeus lo confió al cuidado de Perséfone, quien lo llevó a casa del rey Atamante de Orcómeno y de su esposa Ino. Allí vistieron a Dioniso de mujer para burlar el furor de la diosa (se representa a Dioniso con indumentaria de mujer, lo mismo que Aquiles, porque en Creta era costumbre «guardar los muchachos "en la oscuridad", es decir en el gineceo o parte de la casa reservada a las mujeres, hasta la pubertad».

Pero no engañaron por mucho tiempo a Hera, quien privó de la razón a sus padres adoptivos; el enloquecido Atamante confundió con un ciervo a su hijo Learco y lo mató. Entonces Zeus transformó a Dioniso en un cabrito (le llamaban también Eriphos, «cabrito», lo cual remite al culto cretense de Dioniso Zagreo representado por el macho de cabra montés, de una variedad de cuernos muy largos), y lo transportó al monte Helicón, en donde quedó al cuidado de las ninfas (Phaesylé, Corónide, Cleia, Phaeo, Eudora, luego convertidas en la constelación de las Híades, «las que traen la lluvia», y provistas de epítetos como «furias», «rugientes», «apasionadas», «que describen las ceremonias del culto». Vivió feliz en plena naturaleza, acompañado por las ménades, los sátiros y los silenos, y se dice que fue entonces cuando descubrió la vid y el arte de fabricar el vino. Una vez adulto, fue reconocido por Hera, que le lanzó un maleficio para hacerle perder la razón. Él se dirigió a Dodona para consultar al oráculo, a ver si hallaba remedio a su mal, viaje que hizo a lomos de un burro (el cual fue premiado con el don de la palabra). Una vez curado Dioniso recorrió el mundo para dar a conocer la vid y el vino, en compañía de su séquito: Sileno su preceptor, los sátiros y las ménades armadas de rombos (piedra perforada que se hacía girar atada de una cuerda y emitía un zumbido como el del viento naciente), de espadas, de serpientes y de tirsos (vara adornada con hiedra y coronada por una manzana).

Tras enseñar a los egipcios el cultivo de la vid, fue recibido en Faros por el rey Proteo; allí obtuvo el primero de sus éxitos militares contra los titanes de Hera, al restablecer en su trono al rey Amon mediante una alianza con las amazonas establecidas en Libia, frente a Faros (que era un islote en el delta del Nilo donde estuvo el principal puerto comercial en la edad del bronce). «Sus tinglados servían a los mercaderes de Creta, del Asia Menor, de las islas del Egeo, de Grecia y de Palestina. El cultivo de la vid seguramente irradió desde allí en todas direcciones, y el relato de la campaña de Dioniso en Libia tal vez recuerda una ayuda militar enviada a los garamantes por sus aliados los griegos». En cuanto al rencor de la diosa, que persiguió a Dioniso en todos sus viajes, «refleja la oposición de los conservadores contra el consumo ritual del vino y las extravagantes costumbres de las ménades, que procedentes de Tracia se habían introducido en Atenas, Corinto, Sición, Delfos y otras ciudades civilizadas» antes de que estuviese autorizado el culto a ese dios e instituidas sus fiestas oficiales. Hecho lo cual «se convino que Dioniso y su vid fueron admitidos en el Cielo, donde reemplazó a Hestia y se convirtió él mismo en uno de los doce dioses olímpicos hacia finales del siglo V a.C.». A partir de ahí comenzó su penetración hacia la India, pasando por Siria, donde se enfrentó con Damasco rey de la ciudad del mismo nombre, que había arrancado sus viñas, y lo despellejó vivo; cruzó el Éufrates a lomos de un tigre enviado por su padre; tuvo un encuentro con Afrodita y Adonis en el Líbano, reinó en el Cáucaso; arribó a la India, conquistó el país e introdujo allí el arte de cultivar la vid, instituyó leyes y fundó ciudades; aunque esta campaña india se haya juzgado como «un relato legendario y fantasista de la desordenada expedición de Alejandro hacia el Indus... esta leyenda es muy anterior y simplemente recuerda la expansión del cultivo de la vid hacia el Oriente». Durante su regreso tuvo que luchar contra las amazonas, a las que rechazó hacia Éfeso; siempre con su cortejo de ménades y sátiros, retornó a Europa vía Frigia, donde Rea lo purificó de los homicidios perpetrados durante su período de demencia, y lo inició en los misterios de Cibeles. Al invadir la Tracia los soldados de Licurgo rey de los edonios capturaron a sus hombres. Dioniso se salvó echándose al mar y encontró la caverna de Tetis. Cuando se halló de nuevo en tierra firme maldijo el suelo de Tracia diciendo que no daría fruto mientras no hubiese muerto Licurgo. El rey, enloquecido por Rea, mató a su propio hijo con un hacha creyendo que era una de las cepas que se disponía a arrancar, y luego sus propios súbditos lo descuartizaron con ayuda de unos caballos salvajes. Dioniso regresó a Grecia con el aspecto de un bello adolescente. Invitado por Icario, rey del Ática, ofreció el primer vino cosechado a dos pastores y a Acmé. Estos «primeros bebedores de vino» se embriagaron y creyeron que el rey los había envenenado, motivo por el cual lo mataron arrojándolo a un pozo.

Cuando se enteró de la muerte de su padre, la desesperada princesa Erígone se ahorcó. Dioniso vengó esa doble muerte volviendo locas a todas las mujeres de la región, y luego envió las víctimas al cielo: Icario se convirtió en la constelación del Boyero, o de Arturo; Erígone, en Virgo, y su perro favorito en la constelación del Can (en una de las variantes de la leyenda). En Calidón de Etolia se enamoró de Altea la esposa del rey Eneo, y le dio una hija, Deyanira. Por consentidor, Eneo fue premiado con una cepa. Tuvo una aventura con Caria, hija del rey Dión, lo cual suscitó la envidia de las hermanas, que amenazaron ir con el secreto al rey; ellas también perdieron la razón, fueron metamorfoseadas en rocas y Caria en nogal. Una vez en Beocia, Dioniso incitó a las mujeres de Tebas para que participaran en sus orgías del monte Citerón, por lo que fue hecho preso y encadenado a un toro por Penteo rey de Tebas, quien además encerró a las ménades. Éstas lograron escapar y presas de embriaguez y de trance religioso, despedazaron al rey bajo la dirección de su propia madre Agavé quien, frenética y transformada en ménade, le arrancó la cabeza. Pero algunas mujeres no quisieron someterse a los ritos orgiásticos; entre éstas las hijas de Minias (o de Preto), Leucipe, Arsipe (o Arsinoe) y Alcatoé.

En vista de lo cual Dioniso se presentó ante ellas metamorfoseándose sucesivamente en león, en toro y en pantera, de lo que resul-
taron tan espantadas que enloquecieron y despedazaron a Hípaso,
hijo de Leucipe, lo devoraron y luego se dedicaron a vagar por los
montes en estado de gran sobreexcitación, hasta que Hermes las
metamorfoseó en pájaros. Los beocios acabaron por reconocer la
divinidad de Dioniso y el dios decidió anunciar la buena nueva por
las islas del Egeo. Embarcó rumbo a Naxos en un navío de piratas
tirrenos; fue en vano que éstos quisieran atarlo al palo mayor, las
cuerdas se desataban, los remos se convertían en serpientes, Dioniso se transformó en león, el barco se llenó de parras y el vino empezó
a correr sobre la cubierta. Espantados, los marineros se lanzaron al
agua y quedaron convertidos en delfines (simbolizan la adivinación
y la regeneración, nociones asociadas al dios de la vegetación y del
vino). En Naxos, Dioniso se dejó querer por Ariadna hija de Minos
y de Pasífae, abandonada por Teseo, y desposó con ella. Tuvieron a
Enopión, Euantes, Toas, Latromis, Tauropolo y Estáfilo. Más tarde la
diadema de la boda de Ariadna fue transportada entre las estrellas.
Luego se dirigió a Argos y castigó a Perseo, que había liquidado a
muchos de sus seguidores, volviendo locas a todas las mujeres de la
comarca, que se pusieron a devorar a sus hijos. Perseo hizo penitencia y erigió un templo en honor del dios del vino.

Por último Dioniso se colocó en el Olimpo a la derecha de Zeus, por
haberle cedido Hestia su asiento a la mesa de los dioses. Sólo le faltaba
descender a los infiernos para rescatar a su madre Sémele y llevarla a
los cielos, donde se convirtió en inmortal bajo el nombre de Tione. Con
lo que Hera no tuvo más remedio que humillarse y aceptar en silencio la
presencia del hijastro a quien había perseguido con tanta saña vengativa. Una vez en el Olimpo, participó en el combate entre los dioses y los
Gigantes, y mató a varios enemigos con su tirso. Dioniso reviste lugar
muy importante en la mitología griega; su mito se ramifica en un gran
número de leyendas secundarias. Se cree que lo recibieron de los tracios, que lo tenían por dios de los racimos, y según las distintas fuentes

su nombre significa «el hijo del dios del cielo», o «el dios de Nisa» o «el dios cojo». Más tarde, idealizado por los poetas, Dioniso se convierte en un joven de aspecto afeminado y pasa a representar el dios «de las artes, de la música, de la danza, compañero de las Gracias... enviado por los dioses compasivos... para aliviar el triste sino de los humanos... disipar sus penas y llevarles algo de alegría», lo cual llevado al aspecto cósmico, le atribuye una función humanitaria que abarca el mundo entero. Primitivamente representado por un tronco de pino o un falo, luego se le dio figura humana y aparece rodeado de sus discípulos y cortejo: Príapo (el hijo que le dio Afrodita, feo y provisto de unos genitales deformes por venganza de Hera, disconforme con el comportamiento de la diosa del amor), Pan, Aristeo, Sileno y los sátiros y ménades. Así es como figura en las pinturas y cerámicas de «la Casa de Dioniso» (en la isla de Chipre), coronado de hiedra, sentado en un carro tirado por dos panteras y conducido por un sileno también coronado de pámpanos, portador de un tirso. Frente a las panteras se ve un domador provisto de látigo, al que jalea una mujer tocando los címbalos. Dioniso lleva en la mano el tirso (o una copa, o un sarmiento, en otras representaciones). Uno de los sátiros lleva en la izquierda un vaso ritual y un odre vacío en la derecha. El dios Pan de pies de chivo lleva en la derecha un cayado, en la izquierda un escudo. Vemos también a un joven esclavo negro, atado de pies y manos. Una ninfa con velo porta una «vasija de las libaciones», otra un tirso y «la arqueta de los ritos místicos», al tiempo que un trompetista proclama el triunfo del dios.

DIOSCUROS. Los hijos de Zeus, o los tindáridas, Polydeicos «el muy brillante», o Pólux, y Castor, «deslumbrador», tuvieron un nacimiento milagroso, digno de las grandes figuras heroicas: Zeus enamorado de Leda, esposa reticente de Tíndaro rey de Esparta, se metamorfoseó en cisne para seducirla. La reina concibió dos huevos; del uno nacieron Castor y Clitemnestra, del otro Pólux y Helena. Sin embargo, Homero dice que eran hijos de Leda y de Tíndaro, y unos hermanos de Clitemnestra y de Helena que fueron transportados al

cielo después del sitio de Troya. Según la leyenda Castor era domador de caballos salvajes y gran soldado (que enseñó a Hércules el arte de la guerra), y Pólux el mejor luchador de su tiempo. Estos gemelos inseparables se llevaron numerosos premios en los juegos olímpicos y estuvieron en todas las grandes acciones legendarias. Así los encontramos al lado de Hércules en la cacería de Calidón, durante la expedición de los argonautas. Cierto día que el Argo, azotado por una violenta tempestad, estaba a punto de hundirse, Orfeo le prometió a Poseidón un sacrificio de corderos blancos. La tormenta se apaciguó y aparecieron unas llamas sobre las cabezas de los Dioscuros (otra versión dice que unos gorriones); desde entonces los marineros rindieron culto a los fuegos de Castor y Pólux, más tarde llamados de San Telmo. Al regreso de la Cólquide y de paso por el país de Betricia, los gemelos fueron por agua, y los desafió a luchar el gigante Amico, pero venció Pólux. Durante esta expedición fundaron en la Cólquide, a orillas del Ponto Euxino (el mar Negro) la ciudad de Dioscurias, que llegó a ser gran centro comercial con el nombre de Sebastopolis, luego Iskuriah o Isgaur. Lucharon contra los piratas del Archipiélago y se encaminaron al Ática para librar a su hermana Helena, raptada por Teseo. Los gemelos tuvieron menos suerte en sus aventuras amorosas.

Raptaron a las hijas de Leucipo, que estaban prometidas a sus primos mesenios Idas y Linceo (cuya vista era tan penetrante que podía descubrir los tesoros ocultos), y desposaron con ellas, de lo cual resultó una violenta rivalidad entre ambas parejas de gemelos. Cierto día, y tras reconciliarse con sus rivales Idas y Linceo, se dirigieron a la Arcadia para robar ganado. Echaron a suertes y el encargado de repartir el botín entre los cuatro cazadores fue Idas, que hizo cuatro partes de un buey y declaró que la mitad sería para el primero que se comiese su cuarto, y para el segundo la otra mitad. Idas se apresuró a devorar su cuarto y luego ayudó a Linceo mientras éste despachaba el suyo; tras lo cual se llevaron la punta de ganado hacia Mesenia. Los Dioscuros los persiguieron y mientras aquéllos estaban ofreciendo un sacrificio a Poseidón en el monte Táigete, les quitaron las reses y les tendieron una emboscada escondidos en el tronco de un árbol. Pero Linceo que los había visto, atravesó el tronco y a Castor con su lanza, y dejó herido a Pólux, aunque le quedaron fuerzas a éste para matarlo a su vez de un lanzazo. De acuerdo con una leyenda romana, los Dioscuros combatieron en la batalla del lago Regilo y se presentaron el mismo día en el Foro para anunciar su victoria. En el lugar se erigió el templo a Cástor, adonde acudían los romanos cuando tocaba prestar un juramento.

Los Dioscuros fueron objeto de culto en toda Grecia. Se les representaba mediante dos postes paralelos unidos por dos largueros transversales, emblema que llevaban a las batallas los reyes aliados, o por dos ánforas en las que se enroscaba una serpiente. Su celebración mediante las dioscurias era el 8 de abril, aniversario de la batalla en que ayudaron a los romanos contra los latinos. Inventores de las danzas bélicas y de la música militar, eran patrones de los bardos y dioses de la hospitalidad, la longevidad y la navegación. Representados como dos jóvenes montados en caballos blancos, y en ocasiones con una estrella en la frente, los hermanos de Helena son los Soter, los «salvadores» que se presentan en el momento crucial de un combate, o durante la tempestad en la mar. Los romanos adaptaron el culto de los Dioscuros haciendo de ellos unos gemelos benefactores, hermanos de la Aurora. En la mitología germánica son los hermanos Alkis, venerados en los bosques sagrados de Naharval. El nombre de «Castor» es una supervivencia del mito que cuenta la metamorfosis de una diosa en castor para eludir los ardores amorosos de Zeus; el nombre de «Pólux», vino dulce, recuerda las fiestas durante las cuales se produjo dicho asedio. A menudo se confundió a los Dioscuros con los Cabiros.

ECO, el eco, ninfa que fue seducida por el dios Pan, a quien dio una hija llamada Iynx. Solía favorecer los amores culpables de Zeus distrayendo la atención de Hera mediante su parloteo incesante. Cuando la esposa engañada se dio cuenta, la castigó «a tener siempre la última palabra, y no ser nunca la primera en hablar»: interpretación poética de los antiguos griegos para el fenómeno del eco, frecuente en las montañas. Cierto día Eco vio a un adolescente beocio, Narciso, hijo de Cefiso y de la ninfa Liríope, célebre por su belleza, que se había extraviado en el monte mientras perseguía unos venados. Como no podía dirigirle la palabra, lo siguió furtivamente al tiempo que el solitario cazador llamaba a sus compañeros. Queriendo llamar su atención Eco respondió «¡aquí!», pero a las llamadas siguientes de Narciso no hubo más respuesta sino la repetición de sus mismas palabras. Cansado y enfurecido, el joven huyó y la infeliz Eco se quedó el resto de su vida vagando por los senderos de las montañas, y tanto languideció de amor por el bello joven desaparecido que al fin no quedó de ella más que la voz.

EDIPO. Preocupado por la sucesión, ya que su esposa Yocasta no había tenido hijos, Layo el rey de Tebas consultó al oráculo de Delfos. Éste le dijo que se considerase afortunado, porque de tener un hijo con Yocasta, éste sería el causante de la muerte de su padre. Al instante él repudió a su mujer, que no obstante logró unirse con él embriagándolo. Nueve meses más tarde nació un hijo, pero su padre lo expuso en el monte Citerón tras agujerearle los pies con un clavo y atarlos con una cuerda. Recogido por un pastor que lo llamó «pie hinchado», «lo cual recuerda al héroe galo Dylan, cuyo nombre significa «hijo de la mar hinchada», el niño fue llevado más tarde a la corte del rey Pólibo de Corinto. Según otra versión fue encerrado en un cofre, que flotando en el mar arribó a Sición, donde lo recogió la esposa de Pólibo e hizo creer que era hijo suyo. Siendo ya adulto, un compañero le reveló que era hijo adoptivo, pero se lo desmintió la reina Peribea, a la que siempre había tenido por madre; deseoso de aclarar su porvenir consultó a la Pitia y ésta le repitió la horrible predicción que había escuchado Layo: «Matarás a tu padre y desposarás con tu madre.» Espantado, Edipo decidió no regresar jamás a Corinto y se encaminó hacia la Beocia. En el desfiladero por donde se iba a Delfos, Edipo, que caminaba a pie, se tropezó con el carro de Layo, que iba a consultar el oráculo para que le dijera cómo librarse de la Esfinge. Por orden de Layo, el auriga Polifontes le mandó con arrogancia que se apartase y lo atropelló; entonces el enfurecido Edipo mató de un lanzazo al auriga, los caballos se desbocaron y el rey Layo, enredado en las riendas, fue arrastrado y murió. De esta manera se realizaba la primera parte de la predicción.

Cerca de Tebas, le salió al paso la Esfinge y Edipo la venció al resolver su enigma. Recibido como un salvador en Tebas por haberla librado del monstruo que la oprimía, e ignorando que la reina fuese su madre, Edipo desposó con ella y se hizo rey, con lo que se cumplió el resto de la predicción de la Pitia. De la unión nacieron dos hijos, Eteocles y Polinices, y dos hijas, Antígona e Ismene. Algún tiempo después se abatió sobre la ciudad una peste y Tiresias, el adivino más célebre de Grecia, anunció que el mal no se disiparía hasta que expulsaran al matador de Layo. Edipo, que todavía ignoraba quién era el anciano a quien había muerto en el desfiladero, maldijo al culpable. Pero conforme Tiresias fue añadiendo detalles, comprendió toda la verdad. Yocasta no pudo soportar la vergüenza y se ahorcó. Edipo, consumido por los remordimientos, se sacó los ojos y anduvo errante de una ciudad griega a otra, mendigando para sobrevivir. Finalmente llegó a Colona, en el Ática, donde lo mataron las Furias (según Homero, tuvo un final glorioso en el campo de batalla). Relataron la tragedia Cineto de Quíos en *La Edipodia*, Sófocles en *Edipo Rey* y *Edipo en Colona*, Eurípides en *Las Fenicias*, Estacio en *La Tebaida*; la recogieron Séneca, Corneille, Voltaire, y una ópera de Guillard, *Oedipe à Colone* (1787). José M.ª Pemán hizo una adaptación de *Edipo Rey* para ser representada en el teatro romano de Mérida. Ingres pintó un *Oedipe devinant l'énigme du Sphinx* y Gustave Moreau *Oedipe et le Sphinx*.

ÉGIDA, escudo mágico que llevaba Atenea, recubierto con el pellejo de Amaltea, la cabra que amamantó a Zeus. La diosa le añadió además la cabeza de Medusa, que convertía en piedra a cuantos la viesen. Más adelante se dio este nombre a un peto hecho de láminas de metal y adornado con una cabeza de gorgona que llevan muchas efigies de héroes, guerreros, los emperadores y las personificaciones de las ciudades. En su origen la égida simbolizaba «la tempestad que da espanto y hace cundir el pánico»; «estar bajo la égida» de alguien es sinónimo de tutela y protección (porque en los poemas épicos, cuando Atenea defiende a uno, y agita la égida frente a los adversarios, éstos salen de estampida poseídos de terror).

EGIPTO o Egyptos, hijo de Belo (o de Hefesto, o de Poseidón), y de Anquínoe; sus cincuenta hijos casaron con las cincuenta Danaides. Es el héroe epónimo de Egipto.

EGISTO, el de la cabra, hijo del incesto de Tiestes con su hija Pelopia, cuando nació fue expuesto y recogido por unos pastores que lo criaron con la leche de una cabra. Finalmente fue adoptado por su tío Atreo, quien le exigió que matase a Tiestes. Como Egisto conocía la historia de su propio origen, prefirió degollar a Atreo, y reinó con su padre en Micenas y Argos. Fueron destronados por Agamenón y Menelao con la ayuda del suegro de éstos, Tíndaro rey de Esparta. Antes de partir hacia la guerra de Troya se reconciliaron con Agamenón, quien confió a Egisto la regencia. Pero éste aprovechó su ausencia para seducir a su esposa Clitemnestra y cuando regresó el rey, los amantes lo degollaron. Egisto reinó todavía siete años en Micenas hasta que fue muerto por Orestes. Esta leyenda inspiró gran número de obras teatrales (Esquilo, Sófocles, Eurípides) y de poemas trágicos.

ELECTRA, el ámbar, hija de Agamenón y de Clitemnestra, hermana de Ifigenia, de Laodice y de Orestes. Mientras su padre andaba en el sitio de Troya fue maltratada por su madre y por el amante de ésta, Egisto, quienes para humillarla la dieron en matrimonio a un labrador de Micenas (el cual, previendo la venganza de Orestes, no consumó nunca la unión). Cuando fue muerto Agamenón ella logró salvar a su hermano pequeño Orestes, enviándolo a la Fócide, donde el rey Estrofio hizo que se educara con su propio hijo Pílades. Una vez adulto, Orestes regresó a Micenas acompañado de Pílades, se presentó en palacio disfrazado y mató a Egisto, a Clitemnestra, a una segunda hija Helena y a los hijos de Nauplio que salieron en ayuda de Egisto. Las distintas versiones de este mito según las presentaron los dramaturgos de la época clásica demuestran que éstos «no eran prisioneros de la tradición. Cada versión refleja un concepto diferente de la leyenda... Es poco probable que Orestes matase en realidad a Clitemnestra, ya que entonces Homero lo habría mencionado y no le habría dado el título de «semejante a los dioses»; en la Odisea sólo dice que Orestes mató a Egisto y que los funerales de éste se celebraron coincidiendo con los de la detestable madre de aquél. En cuanto al nombre de Electra, «ámbar», recuerda el culto paternal de Apolo Hiperbóreo, en contraste con el nombre Crisótemis... lo cual manifiesta que las viejas leyes del matriarcado aún tenían mucha fuerza en la mayor parte de Grecia». Hija de Atlas y de Pléyone, intentó resistir el asedio de Zeus y se refugió junto al Paladio, depositado por Atenea en el Olimpo; lo cual no detuvo al amante, quien se unió a ella sin fijarse en que derribaba la estatua; la cual, recogida por los troyanos, les sirvió de talismán. De esta unión nacieron unos gemelos: Dárdano, que fue el primer rey de Troya, y Yasión, amante de Deméter que engendró a Pluto.

ENDIMIÓN, el que seduce naturalmente, hijo de Zeus y de la ninfa Calice, oriundo de Caria y famoso por su gran belleza. De su mujer Ifianasa (o Hiperipé o Cromia) tuvo cuatro hijos. Una noche se durmió en una caverna del monte Latmos y Selene, cautivada al verlo, besó dulcemente sus ojos cerrados, y suplicó a Júpiter que le concediera la eterna juventud. Se cuenta que no despertó nunca y que todas las noches ella va a contemplar el bello rostro dormido; otros dicen que tuvo cincuenta hijas con él. Uno de los hijos de Endimión, Etolo, participó en la carrera de carros de los primeros juegos fúnebres griegos, volcó y en el accidente murió Apis, el hijo de Foroneo. Por ello Etolo tuvo que exiliarse en el golfo de Corinto, mató a Doros y sus hermanos, y conquistó una comarca a la que dio su nombre, la Etolia. Debemos a Girodet *Le sommeil d'Endymion*, a John Keats un poema en cuatro cantos, *Endymion*, y a lord Beaconsfield una novela del mismo título.

ENEAS, descendiente de Ilión, hijo de Anquises y de Afrodita, criado por las ninfas y por el centauro Quirón, esposo de Creusa hija de Príamo. De carácter pacífico, trató de evitar la guerra y aconsejó que Helena fuese devuelta a los griegos. No participó en los primeros combates y según algunos, cuando cayó Troya estaba en Lirneso, de donde salió huyendo de Aquiles, quien le robó sus ganados. De regreso en Troya defendió valerosamente su patria y luego se replegó a la ciudadela de Pérgamo. Después de un segundo combate se retiró al monte Ida con su familia y sus seguidores (y llevando a espaldas a su anciano padre Anquises), para luego embarcar rumbo a Tracia. Según otra versión fue hecho prisionero con su nave por Neoptólemo y liberado luego a cambio de un rescate que pagaron los dárdanos. De resultas de una tempestad su barco fue arrojado a las costas de Cartago, donde enamoró a Dido, a quien abandonó poco después para regresar a su país. Otra variante dice que murió en Orcómeno de Arcadia; en cambio los romanos contaron que había acabado por establecerse en el Lacio, donde el rey Latino le concedió tierras y la mano de su hija Lavinia. Entonces Eneas fundó la ciudad de Lavinio, murió en un combate y fue transportado al cielo. También se cuenta que fue aliado de Evandro rey de Arcadia para pelear contra el rey Turno, a quien venció, y que su hijo Ascanio fue el fundador de Alba Longa y antepasado de Rómulo el fundador de Roma, mientras Eneas desaparecía durante una tormenta, transportado al cielo, y recibió culto bajo la advocación de Jupiter indiges.

EOLO, hijo de Poseidón (o de Zeus) y de Arné, es el dios de los vientos que reinaba sobre las islas volcánicas que se llamaron eólicas (las de Lípari), donde encarcelaba o liberaba según se le antojase a los vientos, personificados en sus doce vástagos, seis hijos y seis hijas. Cuando Ulises hizo escala en sus islas obligado por una tempestad, en el momento de la despedida Eolo le regaló un odre maravilloso donde había encerrado todos los vientos contrarios a la navegación. Pero la malsana curiosidad hizo que los marineros lo abrieran y los vientos escaparon en tropel, entre fuertes mugidos, desencadenándose una gran tormenta. Algunos autores aseguran que Eolo era un príncipe de las islas Lípari, estudioso de la astronomía y la meteorología, y que daba consejos a los navegantes. Del nombre de este dios de los vientos derivan: la eolina, instrumento de viento que se tocaba mediante un teclado y válvulas de acero, inventado hacia 1816 por el alemán Eschenbach; la eolipila, ideada en 120 a.C. por el matemático y mecánico Hierón de Alejandría, precursora de la turbina, consistía en una esfera de metal hueca que podía girar alrededor de un eje y se calentaba para generar vapor; el eolio, registro del órgano que activa los grupos de tubos semiabiertos; el arpa eólica, instrumento musical accionado por el viento que consistía en dos tablas de resonancia sobre las cuales se tensaban mediante un caballete dos cuerdas metálicas, que al pasar el aire daban las notas del acorde perfecto: reuniendo varias arpas eólicas a escasa distancia las unas de las otras se excitaban por resonancia y producían armonías extrañas y misteriosas. Un fenómeno parecido generaba quizá los sonidos armoniosos que emitía la famosa estatua de Memnón, en el alto Egipto. De acuerdo con una leyenda, al amanecer y poco antes de que saliera el Sol dicha estatua permitía escuchar una melodía sobrecogedora, que cesaba tan pronto como asomaba el Sol en el horizonte. Según inscripciones del pedestal, el emperador Adriano estuvo allí y escuchó la famosa melodía, que algunos explican por la contracción de las cuerdas de un arpa que los sacerdotes egipcios hubiesen escondido cerca, después del frío nocturno y con el primer calor de la mañana. Hubo un rey tirreno de ese nombre, esposo de la deidad marina Anfitea, a quien se suele confundir con el dios de los vientos.

EOS, la Aurora, hija de los titanes Hiperión y Tía, hermana de Helios y de Selene, vivía en el Océano con su esposo Titón. Todas las mañanas asomaba por el Este y se elevaba por los aires en un carro tirado por los caballos alados Lampo y Faetón, para anunciar la llegada de su hermano Helios a quien, bajo el nombre de Hemera, acompañaba hasta la tarde, cuando convertida en Hespera continuaba su viaje hacia las orillas occidentales del Océano. Tuvo por amante al dios de la guerra, Ares, amado de Afrodita. Ésta, por despecho, la condenó a no tener en adelante sino continuos amoríos con humanos mortales. De tal modo que, aun desposada con Astreo el viento del alba, de quien tuvo a los vientos del Norte, del Oeste y del Sur, a Eósforo y las otras estrellas del cielo, además sedujo a Orión, Céfalo,

Clitio el nieto de Melampo, Ganimedes que le fue arrebatado por Zeus, y Titón que recibió de los dioses el don de la inmortalidad pero no el de la eterna juventud, con lo que estaba cada vez más canoso y arrugado, hasta que Eos se vio obligada a encerrarlo en su alcoba y lo convirtió en cigarra. Estos amores perpetuos son otras tantas alegorías: «la aurora renueva el vigor de los amantes de medianoche y suele ser también el momento en que la fiebre arrebata a los hombres. La alegoría de su unión con Astreo, el viento del alba, es bastante clara: las estrellas aparecen al Este con la aurora, y Astreo el viento del alba se alza como si emanase de ellas, de ahí que se le considerase un agente fecundador; Astreo la hizo madre de la Estrella matutina, solitaria en el cielo.» En la iconografía griega no se diferencian Eos, Hemera y Hespera; la Aurora es una doncella alada que siembra el rocío sobre la tierra.

EROS, el deseo erótico, hijo de la Noche y de Erebo, encargado de la armonía cósmica, según Hesíodo y los órficos era uno de los elementos primordiales del mundo, un dios creador.Más tarde se le tuvo por hijo de Afrodita y de Zeus, o de Ares, o de Hermes. Se le representa como un niño alado provisto de arco y flechas, mediante los cuales hiere a los humanos con la herida de la pasión. Turbulento y malicioso, fue sin embargo víctima de sus propias armas cuando se enamoró de la bella Psiquis. El culto a Eros se retrotrae a la antigüedad más remota. Se celebraban en Tracia o en Beocia, cada cinco años, las erotias o erótidas. En Tespis los beocios lo adoraban bajo la forma de una columna fálica. Por lo general en Grecia su culto se asoció a los de Afrodita, Dioniso, Hércules y Psiquis. El dios del carcaj, fuerza primordial que domina el cosmos, es el símbolo de la pasión sexual. El planteamiento de Hesíodo es «una pura abstracción. Los griegos primitivos lo describían como un Ker o «calamidad con alas», al modo de la Vejez o de la Peste, dando a entender que la pasión sexual desordenada podía ser destructiva para una sociedad organizada». Los romanos lo identificaron con Cupido.

ESCULAPIO. De bondad inagotable, hijo de Apolo y de Corónide (hija de Flegias rey de los lapitas y hermana de Ixión), Esculapio tuvo un nacimiento fuera de lo común. Estando encinta su madre se enamoró de Isquis el arcadio, quien compartió su lecho durante la ausencia de Apolo, pese al cuervo blanco que éste había dejado para protegerla. El cual voló a Delfos para dar cuenta a su amo de la infidelidad de su bienamada, pero el dios lo maldijo por no haberle picado los ojos a Isquis (desde entonces todos los cuervos son negros). El amante fue fulminado por Zeus y Corónide recibió las mortales flechas de Ártemis, hermana de Apolo. Cuando iban a incinerar la difunta, Apolo presa de arrepentimiento arrancó del seno de su madre al niño Esculapio y lo confió al cuidado del centauro Quirón, quien le enseñó las artes de la caza y la medicina. Por su habilidad en la práctica de la cirugía y la curación de enfermedades llegó a ser el fundador de la medicina. Esculapio recibió de Atenea el poder de resucitar a los muertos. Consistía en dos frascos que contenían sangre procedente de las venas derecha e izquierda de la Gorgona; la del lado izquierdo podía devolver la vida a los mortales, la de la derecha provocaba la muerte instantánea. Se dice que la diosa dio dos gotas de dicha sangre a Erictonio, hijo del semen de Hefesto que cayó sobre el muslo de la reina virgen, y representado por la serpiente que guardaba el templo de Atenea en la Acrópolis. Este don indica «que los ritos de curación utilizados en el culto eran un secreto que guardaban las sacerdotisas y que el intento de averiguarlos costaba la vida». Por otra parte, en su origen el monopolio de la medicina estaba reservado a los sacerdotes que oficiaban en el templo de Esculapio y se transmitían los secretos de padres a hijos. Se creía que las ánimas de los difuntos encarnaban en las serpientes, animal telúrico por excelencia que abundaba en los cementerios. Por esta razón se representaba a Esculapio (lo mismo que a otros muchos héroes) con una serpiente, para recordar su condición de difunto. A los enfermos que deseaba sanar, el dios de la medicina los visitaba en sueños. Por eso acudían a dormir por los alrededores de su templo. Dicen que curó a los espartanos mediante la corteza de sauce, «árbol que poseía potencia mágica lunar; pero el medicamento que se extrae de su corteza todavía hoy es un específico del reumatismo (salicilato), a cuyo mal debían ser propensos los habitantes de aquellos valles húmedos. En Atenas, durante la fiesta de las Tesmoforias cargaban las camas de las matronas con ramas de la especie particular de sauce asociada al Esculapio espartano, el *agnus castus*».

Numerosos fueron los beneficiarios del poder de Esculapio: Licurgo rey de los edonios, despedazado por cuatro caballos salvajes; Hipólito, pisoteado por los suyos; Capaneo, fulminado por el rayo de Zeus mientras escalaba las murallas de Tebas; y Tíndaro, hijo de Ébalo y de Gorgófone, antepasado de Helena, de Clitemnestra y de los Dioscuros. En cuanto a Glauco, hijo de Minos y de Pasífae, que se había ahogado en una tinaja de miel, recobró la vida gracias a una planta que le había indicado una serpiente. Esta planta mágica era probablemente el muérdago «considerado como el órgano sexual del roble, y cuando los druidas lo cortaban ritualmente con una hoz operaban simbólicamente una castración; el zumo viscoso de sus frutos pasaba por ser el semen del roble y por tener una potente capacidad regeneradora... Eneas entró en el mundo subterráneo llevando en la mano un ramillete de muérdago y... así se reservaba la capacidad de volver a salir cuando quisiera». Tantas resurrecciones molestaron a Hades, el señor de los infiernos, quien al ver que no recibía inquilinos se quejó a Zeus y éste fulminó al sanador mientras estaba curando a Orión. En represalias, Apolo mató a los Cíclopes y Zeus tuvo que devolver la vida a Esculapio. Poco a poco éste fue convirtiéndose en una divinidad y se popularizó su culto, localizado al principio en Tesalia, pero que llegó a abarcar todo el mundo griego. Hasta su muerte fue el benefactor de los griegos, cuyas dolencias curó y cuyos dolores alivió. Zeus lo colocó entre las estrellas, con una serpiente en la mano. Epíone la esposa de Esculapio le dio cuatro hijas, Iaso, Panacea, Aeglé e Higía, y tres hijos médicos que atendieron a los griegos durante el sitio de Troya: Podalirio, Telesforo (dios de la convalecencia al que se representa encapuchado) y Macaón, que murió en la lucha. Al término de la guerra, Podalirio se estableció en Caria, antiguo reino del Asia Menor, entre la India y la Lidia. Los templos de Esculapio, llamados asclepeión, eran anexos de los hospitales donde los enfermos se sometían a ritos específicos: purificaciones, baños, ayunos, sacrificios, etc., antes de pasar allí la noche en espera de recibir las indicaciones que el dios se dignase sugerirles y que, al día siguiente, eran interpretadas y ejecutadas por los sacerdotes. En la Antigüedad se representaba a Esculapio con algunos de sus atributos, la serpiente, el gallo, la vara y la copa, a veces sólo con la serpiente. Joven e imberbe en su origen, luego su figura pasó a ser la de un hombre barbudo que lleva un largo manto dejando al descubierto el hombro y parte del pecho del lado derecho. Fue después de una epidemia de peste en el siglo III a.C. cuando Italia adoptó al padre de la medicina latinizando su nombre como Esculapio.

ESFINGE, la estranguladora, monstruo femenino, hija de Equidna y de Tifón (o del hijo de éstos, Ortro, con la Quimera), hermana del león de Nemea, tenía cabeza de mujer, cuerpo de león, cola de serpiente y alas de águila. Hera la envió al monte Citerón, cerca de Tebas, como azote contra los tebanos y en castigo tras haber sido raptado por el rey Layo el joven Crisipo. Instalada en el monte Fición, proponía a los que entraban en la ciudad o salían de ella la adivinanza siguiente, sugerida por las Musas: «¿Cuál es el animal que camina a cuatro patas por la mañana, sobre dos patas a mediodía y sobre tres patas al anochecer?» El que no acertase, era devorado, y así los devoraba a todos hasta que llegó Edipo, que regresaba a Tebas después de haber matado a Layo. Tras escuchar la adivinanza, contestó: «El hombre, que camina a gatas en la infancia, sobre sus dos piernas cuando es adulto, y con ayuda de un bastón cuando anciano.» Contrariada la Esfinge, se mató despeñándose desde lo alto, mientras Edipo iba a casarse con Yocasta, que había ofrecido su mano a quien librase de semejante monstruo a la comarca. La esfinge que guardaba la entrada de los templos egipcios es la guardiana del umbral, traspasado el cual desaparecen todas las prohibiciones y todos los tabúes, en particular el del incesto.

ESTIGIA, o Styx, la detestada, laguna o río que los difuntos debían cruzar a bordo de la barca de Caronte, pagando el peaje correspondiente. El verdadero río Éstige es un torrente de Arcadia, de aguas heladas y con reflejos negruzcos. – Ninfa a la que se unió Zeus y fue madre de Perséfone; los mitógrafos la localizan en el Tártaro.

ETEOCLES y **POLINICES**, la gloria verdadera y las disensiones numerosas, hijos de Edipo y de Yocasta que asumieron el trono después de la huida de su padre, quien los maldijo y profetizó que acabarían por matarse entre sí. Convinieron reinar alternativamente, un año cada uno. Pero Eteocles, cuando terminó su período, se negó a ceder su puesto a Polinices, quien había desposado con Adrastea, hija del rey de Argos. Así empezó la guerra de «los Siete contra Tebas». Cansados de la inacabable lucha, los dos hermanos enemistados decidieron zanjar el conflicto en singular combate, pero cayeron ambos. Entonces Creonte, el hermano de Yocasta y rey de Tebas, le hizo a Eteocles unos funerales magníficos, pero no quiso que fuese enterrado Polinices, por haber luchado contra su propia patria en alianza con monarcas extranjeros. Pese a la prohibición de Creonte, Antígona hermana de Eteocles y Polinices le dio sepultura a éste y por la desobediencia fue condenada a muerte por el nuevo rey. Esta leyenda del llamado «ciclo tebano» ha inspirado varias tragedias: *Los Siete contra Tebas*, de Esquilo; *Antígona*, de Sófocles; *La Thébaïde ou les frères ennemis*, de Racine.

EURÍDICE, la gran justicia, esposa de Orfeo que huyendo del asedio de Aristeo fue mordida en el pie por una serpiente. Su desconsolado esposo fue a los Infiernos para reclamarla y obtuvo de Hades su regreso a la vida, a condición de que no se volviese a mirarla mientras no hubieran salido. Orfeo no resistió la tentación y perdió a Eurídice para siempre. El asunto ha sido tratado por los pintores, como Ary Sheffer y Erasme Quellyn en *La muerte de Eurídice*, por escultores como Rouhaud y Canova, etc. – Hija de Adrasto y esposa de Ilo, con quien tuvo a Laomedonte y Temisteo. – Nombre de un pequeño planeta descubierto en 1862.

EUROPA, la del rostro ancho, hija de Agenor y de Telefasa, hermana de Cadmo, Fileo, Fénix y Cílix, su belleza sedujo a Zeus, que la había visto en la playa con sus compañeras. Metamorfoseado en un espléndido toro blanco de cuernos dorados, se dejó acariciar y después montar por Europa; en seguida el astuto dios se lanzó al agua y se alejó hasta llegar a Creta con su enamorada, de quien tuvo a Minos, Radamante y Sarpedón. En compensación Zeus le regaló a la joven fenicia el Talos, un gigante de bronce capaz de ahuyentar a cualquier intruso, y además un perro que nunca soltaba la presa y un venablo de caza que jamás fallaba el golpe. Entonces Europa desposó con Asterión rey de Creta. – Una tradición diferente asegura que fue transportada a Beocia y allí parió a Carno, el antepasado de los Égides. – En Creta y Grecia continental era celebrada durante las fiestas llamadas helocias. – Hija de Ticio, madre del argonauta Eufemo. – Satélite de Júpiter descubierto en 1858. – El rapto de Europa ha sido asunto frecuentado por los pintores, por ejemplo Tiziano.

FAETÓN, el brillante, hijo de Eos y de Céfalo (o de Helios y de Clímene), fue amado por Afrodita y raptado por la diosa cuando todavía era niño. Lo destinaba a ser el guarda de noche de su templo. Él consiguió permiso para conducir el carro del Sol, pero se le desbocaron los caballos y el carro incendió el cielo y la tierra. Entonces Zeus lo fulminó y lo precipitó en el Erídano, donde todavía le lloran sus hermanas las Helíades. Este mito lo han contado Ovidio en Las Metamorfosis, Esquilo en Las Helíades, y Eurípides en Faetón. El músico francés Lully convirtió el asunto en una tragedia lírica, *Phaéton*, que se representó en 1683 con gran éxito en la ópera. – Se llamó así un tipo de carruaje ligero de caballos, alto, de cuatro ruedas, y el Chrysler Phaeton es un automóvil de prestigio deportivo de la marca.

FAUNO, o Faunus, el que favorece, divinidad campestre de los latinos, hijo de Pico nieto de Saturno, tercer rey de Italia, garante de la fecundidad de los rebaños a los que además protegía de los lobos. Personificación de la potencia engendradora, y considerado como un profeta, guarda relación con los orígenes de la civilización romana en tanto que padre de la agricultura e introductor del culto a los dioses; también se le atribuyó la invención del verso saturnia-no. Su culto se celebraba en los campos, y en las fiestas lupercalias, nombre derivado del santuario Lupercal que tenía en el monte Palatino. Su iconografía le asemeja a Pan, Sileno o Marsias, hombrecillos barbudos con corona de pámpanos, el cuerno de la abundancia en una mano y el cuerno de bebida en la otra.

FEDRA, la brillante, hija de Minos rey de Creta y de Pasífae la hermana de Ariadna; fue esposa del héroe Teseo, que había tenido a Hipólito con la amazona Antíope. Cuando Fedra conoció a su hijastro en los misterios de Eleusis concibió por él una loca pasión, y lo siguió hasta Trecén, donde erigió un templo a Afrodita Catascopia, «la que mira hacia abajo», el cual le servía para espiar los ejercicios del joven en el gimnasio. Se cuenta que de tan frustrada y nerviosa como estaba, se dedicaba a agujerear las hojas de un mirto que crecía por allí, y desde entonces tienen esa forma característica esas hojas: el mirto «simbolizaba el último mes del reinado del héroe». Pero Fedra languidecía a ojos vistas, hasta que le declaró su amor a Hipólito, el cual, horrorizado, le afeó su actitud. Entonces la desdeñada se rasgó las vestiduras y alzó el clamor: «¡Socorro que me violan!» Después de lo cual se ahorcó, no sin dejar escrita una carta a Teseo, en la que acusaba a Hipólito. Éste fue maldito y desterrado de Atenas por su padre, quien suplicó a Poseidón que castigase al culpable. Apenas Hipólito abandonó la ciudad con su carro y pasó por el istmo, cayó sobre él una ola gigantesca sobre cuya cresta cabalgaba un cazón (pez); espantados los caballos, el carro se precipitó contra una roca e Hipólito quedó despedazado. Ártemis transportó al moribundo hasta Trecén, donde su padre todavía pudo reconciliarse con él; mientras la sombra de Hipólito bajaba al reino de los Difuntos, los dioses llevaron su cuerpo a los cielos, donde se convirtió en la constelación del Carro. – Los latinos le dieron el nombre de Virbius, «dos veces hombre», y atribuyeron a la leyenda un final más novelístico: Ártemis hizo que Esculapio resucitase a Hipólito y lo escondió,

disfrazado de anciano, en su bosque sagrado de Aricia, donde casó
con la ninfa Egeria y vive eternamente, escondido y de incógnito, a
la orilla de un lago rodeado de encinas. – Esta leyenda, comparable a
las de Tetis y Peleo, Antea y Belerofonte, Filonomé y Teneo, fue llevada a la escena por Eurípides, Séneca, Robert Garnier, Bidar, Jean
Racine, Pradon y hasta Unamuno, Villalonga y Salvador Espriu.

FÉNIX, pájaro fabuloso de brillante plumaje que vivía en los de-
siertos de Arabia y se regeneraba a sí mismo: cuando se sentía próximo a morir, se exponía a los rayos del sol, que lo consumían. De su
médula y sus huesos surgía un huevo del que nacía un pájaro nuevo.
Éste llevaba los restos del anterior al templo solar de Heliópolis. La
leyenda tiene numerosísimas versiones, desde Heródoto, pasando
por el primer Physiologus griego (siglo III d.C.) y el Apocalipsis apó-
crifo de Baruch, hasta los bestiarios medievales.

FILIS, hija de Sitón rey de Tracia, sucedió a su padre cuando tenía
veinte años. Al regresar de la guerra de Troya pasó por allí Demofonte rey de Atenas, y ella, enamorada, casó con él y lo hizo rey de
su país. Pero poco después él se cansó y decidió regresar a Atenas;
A menudo se confunde a esta Filis con una princesa de Tracia del
mismo nombre, y no menos infeliz, puesto que enamorada de Acamante, hijo de Demofonte, lo esperó en vano, murió de pena y quedó
metamorfoseada en un almendro.

FILOCTETES, el que gusta de poseer, hijo de Peas y de Metone,
asistió a los últimos instantes de Hércules. El héroe le confió su arco
y sus flechas antes de inmolarse en la pira sobre el monte Eta, no sin
obligarle a jurar que no revelaría dicho lugar a nadie. Pero él incum-
plió su palabra y por ello fue castigado por los dioses. Pues mientras
se dirigía a Troya y durante una escala en la isla de Lemnos (o de
Ténedos), se hirió con una de las flechas envenenadas. Invadido por
la gangrena, exhalaba un olor tan fétido que sus compañeros lo aban-

donaron en la isla, donde permaneció diez años presa de la fiebre y de la soledad. Hasta que se presentó Ulises en su busca, pues el oráculo había declarado que para vencer a Troya se necesitaría el arco y las flechas de Hércules. Confiado a los cuidados de Podalirio y Macaón, sanó con prontitud y destacó por sus valientes acciones frente a la ciudad sitiada. Fue el matador de Paris y cuando abandonó la Troade, se estableció en el sur de Italia, donde fundó varias ciudades.

FLORA, diosa venerada en Italia central, encargada de la floración, formaba parte del grupo de las doce divinidades que exigían sacrificios expiatorios cuando se daba algún acontecimiento extraordinario. Deidad primaveral asociada al espino blanco, su culto se celebraba todos los años el 28 de abril en las fiestas llamadas floralias. En su origen eran una simple romería campestre, pero no tardaron en cobrar carácter erótico: acoso de animales simbólicos como los machos cabríos y las liebres, lanzamiento de semillas para simbolizar la fecundidad, etc. A partir del año 173 a.C. les agregaron unos juegos circenses que se prolongaban seis días, desde el 28 de abril hasta el 3 de mayo, y representaciones teatrales célebres por su licenciosidad. – Ha sido identificada, equivocadamente, con la ninfa griega Cloris esposa de Céfiro, que regaló a Juno una flor capaz de fecundar con sólo tocarla. Así nació Marte y por eso se atribuyó al primer mes de la primavera el nombre del dios de la guerra. – Según otra leyenda Flora fue una cortesana luego divinizada por los romanos.

FORTUNA, divinidad romana de la suerte, del azar, de lo imprevisto, identificada con la Tique de los griegos, tuvo culto en toda Italia y templo en Roma, en el llamado *Forum boarium*. Era invocada bajo diversos epítetos: Fortuna equestris, Fortuna publica, Regina, Felix, Virgo, Virilis, Augusta, que responden a diversas particularidades de su culto.

Representada bajo el aspecto de una mujer que lleva un cuerno de la abundancia o empuña el timón de un navío, o junto a la proa de éste; a veces con una rueda o un caduceo. Alberto Durero la imaginó como mujer desnuda alada que lleva un vaso precioso en una mano y una brida en la otra.

GALATEA, la blanca como la leche, nereida hija de Doris y de Nereo, enamoró al cíclope Polifemo pero prefirió al pastor Acis. Cierto día el desdeñado sorprendió a los amantes en una gruta y aplastó a Acis echándole una roca encima, mientras Galatea se arrojaba al agua y se reunía con sus hermanas. Según otros autores, Galatea aceptó el amor de Polifemo y le dio tres hijos: Gálata, Ilirio y Celto. – Estatua de marfil hecha por el escultor Pigmalión a imagen de Afrodita, al verla terminada se enamoró de ella, la acostó en su cama e imploró ayuda a la diosa. La compasiva Afrodita entró en ella y le infundió vida; así convertida en Galatea, engendraron a Pafos y Metarme: «Pigmalión, casado con la sacerdotisa de Afrodita en Pafos, sin duda escondió en su cama la estatua blanca de la diosa como medio para conservar el trono de Chipre.»

GANIMEDES, el que aprecia la virilidad, príncipe troyano hijo de la ninfa Calirroe y de Tros, convertido en copero mayor de Zeus sustituyendo a Hebe, hija de Hera. El rey de los dioses concibió una loca pasión por el bello adolescente y se transmutó en águila con el fin de raptarlo y llevárselo a los cielos, donde lo colocó entre las estrellas. Siempre sonriente, Ganimedes le sirve el néctar y la ambrosía, porque se ha convertido en la constelación de Acuario; a veces consiente que le ayude Hebe. En sus orígenes Acuario fue una divinidad egipcia protectora de las fuentes del Nilo, de manera que era agua lo que servía, y no néctar. Esta bebida, que los mitógrafos describen como hidromiel, tal vez sería un vino tinto de sobrenaturales propiedades; en cuanto a la ambrosía, venía a ser como un muesli de cebada con frutas y aceite, alimento preferido de los reyes, mientras los súbditos tenían que conformarse con bellotas, malvas y asfódelos. – La leyenda, muy popular en la antigua Grecia y Roma, «venía a prestar justificación religiosa al amor pasional del hombre maduro hacia el muchacho adolescente... esta nueva pasión, introducida por Tamris según Apolodoro, confirma la victoria del sistema patriarcal sobre la organización matriarcal de la sociedad... los hombres acababan de descubrir un nuevo terreno de experiencias, la homosexualidad...».

GEA. Gaia, la Madre tierra, según la mitología griega, de ella nacieron el cielo, Urano, la gran familia de los dioses y, por descendencia indirecta, todos los seres vivientes. Es por tanto la madre cós-mica universal, indestructible, la más antigua de las divinidades, reina de los volcanes, los ríos, los océanos, la vegetación, los ganados, todo creado por ella. Sus cóleras producen los terremotos y demás cataclismos destructores. Ante todo, sin embargo, es la madre «que engendra las formas vivientes sacándolas de su propia sustancia», y que «penetra en nosotros día tras día, con cada bocado que comemos» (Paracelso). El culto que le rindieron todos los hombres primitivos es anterior a todos los ritos de la fertilidad vinculados a la agricultura. Gea fue cantada por los poetas de todos los continentes, y adorada en Delfos como señora del espacio y del tiempo, y diosa de la procreación. Los romanos la veneraron bajo el nombre de Tellus, principio de la fecundidad, de la abundancia asociada a los dioses infernales, protectora de la especie humana y de las cosechas. Simboliza también el amor maternal. Con el tiempo, esta visión primitiva de la naturaleza empezó a parecer demasiado simplista; el hombre moderno, saturado de cartesianismo y de materialismo, dio en olvidar el papel de la Tierra «viviente sobre todo porque es fértil», fundamental para su propia existencia. La ha descuidado y la ha maltratado; sin embargo, en época más reciente parece que se abre paso una recuperación de conciencia y que los humanos volvemos a la imagen global de nosotros mismos como parte integrante del cosmos, éste considerado como vía de acceso a lo sagrado. Personificación de la tierra «en vías de evolución», Gea formó con Urano, concebido por ella, la primera hierofanía, la primera pareja sagrada que engendró una muchedumbre de dioses: los Titanes y su descendencia, los Cíclopes, los Hecatonquiros, los dioses de la mar (Nereo y Taumante, nacidos de su unión con Ponto, el mar sin fondo). De su emparejamiento con el Tártaro nacieron el monstruo Tifón y otras divinidades terribles.

GERIÓN o Geriones, el cuervo, hijo de Crisaor y de Calírroe, era un gigante de tres cuerpos y tres cabezas según algunos; Hesíodo lo describe como el poderoso rey de la Hespéride o de la isla Eritia, dotado de una fuerza extraordinaria. Poseía un inmenso rebaño de bueyes guardado por un dragón de siete cabezas, por Euritión y por el monstruoso can bicéfalo Ortro, hijo de Tifón y de Equidna. El décimo trabajo de Hércules consistió en apoderarse del ganado eliminando sucesivamente al perro, al dragón, al boyero y a Gerión.

GIGANTES, individuos de talla monstruosa, nacidos de la unión de Gea con el Tártaro, estaban dotados de fuerza prodigiosa, y se rebelaron contra el Olimpo visto que Zeus había encerrado en el Tártaro a los Titanes. La lucha fue ardua. Combatían con antorchas encendidas, y con pedruscos que al caer sobre la tierra y el mar formaron las montañas y las islas. Los dioses tuvieron que recurrir al mortal Hércules para vencer a aquellos monstruos, porque todas las veces que hería a éstos un dios, recobraban las fuerzas con sólo tocar el suelo. De esta manera, Hércules remató al capitoste de los enemigos Alción, a Porfirión fulminado por Zeus tras haber logrado escalar el Olimpo amontonando peñascos, a Efialtes herido en un ojo por Apolo, a Éurito herido por el tirso de Dioniso, a Clitio abrasado por la antorcha de Hécate, a Mimas sobre quien Hefesto volcó un crisol lleno de metal fundido, a Palas aturdido por una piedra que le arrojó Atenea. Al ver perdida la batalla los gigantes huyeron, acosados por los Olímpicos: Encélado, aplastado por un piedra enorme que le lanzó Atenea, se convirtió en la isla de Sicilia; Polibotes recibió la mitad de la isla de Cos, arrojada por Poseidón, cayó al mar y formó la isla de Nisiros. Hermes, invisible bajo el casco de Hades, abatió a Hipólito mientras Atenea traspasaba de un flechazo a Gración y las Parcas rompían los cráneos a Toas y Agrios con sus mazas. – La rebelión de los Gigantes tal vez evoca la insurrección y derrota de un pueblo montañés que hubiese querido apoderarse de algunos puestos fronterizos defendidos por aliados de los helenos. Esta Gigantomaquia o «batalla de los gigantes» fue tema favorito de la literatura y para adorno de frontis de los templos – En los mitos orientales, los primeros hombres fueron gigantes, así la Biblia en Gén. 6, 4.

GLAUCO, hijo de Sísifo y de Merope, padre de Belerofonte y rey de Éfira (la primitiva Corinto), desagradó a Afrodita porque no dejaba que se apareasen sus yeguas creyendo con ello hacerlas más potentes. La diosa les dio a comer una hierba mágica, y tan pronto como Glauco las unció a su carro salieron desbocadas, el vehículo volcó y el auriga fue arrastrado y devorado por sus propias bestias. Se dice que su sombra todavía vaga por el istmo de Corinto. – Según otra versión las yeguas eran tan feroces porque las alimentaba con carne humana, de donde resulta esta leyenda idéntica a la de Diomedes; el mito explica una tentativa de supresión de ciertas fiestas eróticas que se celebraban en Tebas, al implantarse el patriarcado. – Hijo de Poseidón y de Nais (o de Eubeo y Polibe), era un pescador beocio. Cierto día dejó en la orilla unos peces que acababa de pescar, y éstos saltaron al agua en seguida. Lo cual atribuyó a la hierba que crecía en la orilla, comió un poco de ella y saltó a su vez. Purificado por Tetis de su envoltura carnal, quedó admitido entre las divinidades marinas y se enamoró de la ninfa Escila, quien desdeñó su amor, por lo que consultó a la maga Circe. Ésta a su vez se enamoró de él y transformó a Escila en un monstruo marino. Otra vez deseó a Ariadna raptada por Dioniso; éste lo ató con sus sarmientos pero él consiguió librarse. – Según otros relatos Glauco fue uno de los argonautas, cayó al mar y se metamorfoseó en un monstruo marino, con barba verdosa y cola de pescado. – Se llamó también así un hijo de Minos y de Pasífae que persiguiendo un ratón, desapareció y fue hallado por el adivino Poliido, ahogado en un ánfora de miel. El adivino frotó el cuerpo del niño con unas hierbas mágicas y lo resucitó.

GORGONAS, las bravías, las tres hijas de Forcis y de Ponto (o de Ceto), llamadas Esteno, Euríale y Medusa, monstruos terroríficos que vivían cerca del país de las Hespérides. En principio eran bellas y deseables, pero Atenea, enfurecida porque Medusa se había unido a Poseidón en uno de sus templos, la convirtió en un monstruo alado de mirada amenazante que petrificaba a los hombres; además tenía garras de bronce y serpientes en lugar de los cabellos. Perseo la venció y le cortó la cabeza. De su cadáver nacieron Crisaor y Pegaso; Atenea se quedó la cabeza para fijarla sobre su égida. La sangre de la Medusa mataba al instante si provenía de la vena derecha, y resucitaba a los muertos si era de la que había brotado de la vena izquierda; de ambas recibió sendos especímenes el fundador de la medicina, Esculapio. – Las Gorgonas, probablemente una representación de la Triple diosa, «llevaban unas máscaras protectoras, con los ojos desorbitados y relucientes, la lengua colgando fuera y la dentadura amenazadora, para espantar y mantener alejados a quienes no estuvieran admitidos al Misterio».

HADES, el invisible, es el infierno de los griegos, lugar subterráneo delimitado por el río Éstige donde las almas de los difuntos pasan una existencia melancólica, privadas de la luz del Sol. Comparable al Hel de los escandinavos, situado en el centro de la Tierra, al Niflheim o «casa de la niebla» de los germánicos, ésta Hades, el invisible, es el infierno de los griegos, lugar subterráneo delimitado por el río Éstige donde las almas de los difuntos pasan una existencia melancólica, privadas de la luz del Sol. Comparable al Hel de los escandinavos, situado en el centro de la Tierra, al Niflheim o «casa de la niebla» de los germánicos, ésta cercada por el río Gjöll.

HARMONÍA, la concordia, hija de Ares y de Afrodita, Zeus la casó con Cadmo el fundador de Tebas. Los doce dioses del Olimpo asistieron a las bodas y le hicieron suntuosos regalos: Hermes una lira; Deméter prometió una cosecha extraordinaria de cereales, para lo cual se unió a Yasión durante la ceremonia, en un campo labrado tres veces; Electra la madre de Yasión le enseñó los ritos secretos de la Gran Diosa; Atenea le regaló un peplo tejido por ella misma y un par de flautas; y Afrodita el collar mágico de oro, artísticamente labrado por Hefesto y en otro tiempo regalado por Zeus a Europa, el cual tenía

la propiedad de conferir una belleza irresistible a quien lo llevase. Fueron unas bodas magníficas, donde cantaron y bailaron las Musas al son de la flauta de Apolo. La pareja vivió feliz durante algunos años, y engendraron a Sémele, Ino, Autónoe, Agavé y Polidoro, hasta que unos acontecimientos trágicos pusieron fin a su felicidad, todos ellos relacionados con el collar de Afrodita y el peplo de Atenea, objetos maléficos que trajeron mala suerte a sus descendientes. El peplo se lo dieron a Erífile y luego a su hijo Alcmeón, que murió en la guerra de Troya tras haber matado con sus propias manos a Laodamante, hijo de Eteocles, y luego a su madre porque lo había incitado, lo mismo que a su padre el adivino Anfiarao, a tomar parte en batallas con la esperanza de que no volvieran vivos. El collar y el peplo pasaron luego a manos de Arsínoe, hija de Flegeo, el que purificó al matricida Alcmeón; luego los recuperó éste, quien se los regaló a su segunda esposa Calírroe, la hija del dios-río Aqueloo. El enfurecido Flegeo hizo que sus hijos Agenor y Pronoos matasen a Alcmeón. Los tres fueron malditos por Arsínoe y exterminados por Anfótero y Acarno, los dos hijos de Calírroe. Conocemos también el trágico destino de Edipo, nieto de Harmonía, y el de Sémele, amante de Zeus. Agavé desposó con Licoterses rey de Iliria; cierto día denunció la relación de Zeus con Sémele y, privada de la razón por el rey de los dioses, desmembró a su hijo Penteo, que había sucedido a su padre en el trono de Tebas. Luego, cuando supo que sus padres reinaban sobre los enqueleos, mató a su marido con ayuda de su hermana Autónoe y entregó el reino a su padre Cadmo. Cumpliendo una predicción de Dioniso, en efecto, Cadmo y su fiel esposa emigraron a tierras de los enqueleos, que los eligieron reyes suyos; esta población bárbara saqueó numerosas ciudades griegas y el templo de Apolo; cuando el dios quiso vengar la afrenta recibieron la ayuda de Ares, que los metamorfoseó en serpientes de manchas azules y fueron enviados por Zeus a la isla de los Bienaventurados.

HARPÍAS o Arpías, las que aprisionan y arrancan, hijas de Taumante y de la oceánida Electra, vivían en unas cavernas de Creta y eran unas grandes aves de vuelo rápido, aunque engendraron los corceles de algunos héroes. Tenían carácter de divinidades funerarias, mensajeras de Hades el dios de los infiernos; es frecuente la confusión con las Erinias o las Sirenas. Fueron muertas por Hércules cerca del lago Estínfalo. Representadas en principio como mujeres aladas, pronto se convirtieron en «grandes aves de presa», monstruos con cuerpo y garras de buitre, brazos que podían desprender las plumas de las alas para lanzarlas como flechas, y cabeza de mujer con orejas de oso.

HÉCTOR, el tutor, héroe troyano, primogénito de Príamo, el héroe más valeroso de la Tróade y el símbolo del amor filial y conyugal y de la generosidad. Esposo de Andrómaca. Un oráculo había anunciado que los reinos de Príamo dependerían de su destino. Amado y venerado por sus conciudadanos, se le confió el mando del ejército troyano y consiguió frenar a los atacantes griegos durante diez años, en cuyo decurso  mató a Protesilao, luchó contra Diomedes y Áyax, incendió los barcos enemigos y mató a Patroclo, el amigo de Aquiles. Esto último fue su perdición, porque Aquiles quiso vengar la muerte de su alter ego y lo retó en duelo. Y aunque los suyos le suplicaron que no aceptase el singular combate, Héctor recogió el desafío, fue vencido y la lanza del griego atravesó su garganta. Luego Aquiles le agujereó los tobillos, los ató con una correa y con su carro arrastró el cadáver tres vueltas alrededor de las murallas de Troya. Por último se negó a entregarlo y no cedió sino a las súplicas del anciano Príamo. Fue muy llorado por su viuda y su hijo Astianacte. Los conciudadanos lo recordaron mucho tiempo y le rindieron un culto.

HEFESTO. El que brilla durante el día, nacido de Hera por partenogénesis, dios-gnomo deforme, cojo, tan esmirriado que su madre lo precipitó al mar desde lo alto del Olimpo. Recogido por Tetis y Eurínome vivió nueve años en una gruta submarina, donde instaló su primera fragua (son muchas las tradiciones donde aparecen dioses herreros y cojos: en África occidental, en Escandinavia, etc. Por otra parte, es posible que «en los tiempos primitivos se mutilase deliberadamente a los herreros para impedir que se pasaran a alguna tribu enemiga»). En vista de lo cual Hera se llevó de nuevo su hijo al Olimpo, donde le instaló una fragua magnífica con veinte fuelles que funcionaban día y noche. Pero Hefesto no había olvidado el abandono, así que cuando construyó un trono para ella y Hera lo ensayó, no pudo levantarse sin antes prometer que lo reintegraría en la asamblea de los dioses. Tras lo cual fabricó magníficas joyas para las diosas y armas para los dioses (el tridente de Poseidón, la égida y el cetro de Zeus, el arco y las flechas de Atenea, con los demás accesorios bélicos, corazas, grebas, escudos, carros, etc.). Los romanos le asimilaron a Vulcano y situaron su fragua en el interior del volcán siciliano Etna. Entre los celtas el divino herrero se llamó Goibhniu (el Govannan británico), el que forjó las armas de los Tuatha Dé Danann (armas que nunca erraban el blanco y mataban sin remisión), y de quien se decía que era capaz de forjar una espada con sólo tres martillazos.

HELENA. La luz, antigua diosa de la luz relacionada con el culto lunar, nació de un huevo de cisne puesto por Leda, a quien fecundó Zeus tras haberse transmutado asimismo en cisne. Hermana de

los Dioscuros, criada por su padre
adoptivo Tíndaro rey de Esparta,
fue famosa por su belleza. Tenía
apenas diez años cuando fue raptada por Teseo, quien se la llevó
al Ática, donde poco después engendró a Ifigenia. Sus hermanos
los Dioscuros la rescataron y de-
volvieron a Esparta, donde fue
cortejada por todos los príncipes
griegos: Ulises, Diomedes, Áyax,
Filoctetes, Idomeneo, Patroclo y
muchos más. Pero Tíndaro pre-
fería al príncipe Menelao, un rico

aqueo, y siguiendo un consejo de Ulises recabó de todos los pretendientes la promesa de que se aliarían contra quienquiera que
ofendiese al futuro esposo. Sacrificaron un caballo y «de pie sobre
los despojos ensangrentados repitieron el juramento propuesto
por Ulises», para enterrar luego los restos en un lugar que se llamó
«la tumba del caballo». Helena se casó con Menelao, que sucedió a
Tíndaro en el trono de Esparta. Vivieron felices tres años, durante
los cuales tuvieron una hija, Hermione, y tres hijos, Etiolas, Marafio
y Plístenes. Pero la unión estaba amenazada por malos augurios a
causa del rencor de Afrodita, a quien Tíndaro no había honrado de-
bidamente en el decurso de unos sacrificios. La cruel diosa prometió
vengarse haciendo adúlteras a las tres hijas del rey, Clitemnestra,
Timandra y Helena. Durante una ausencia de Menelao, Helena se
enamoró de Paris, hijo del rey de Troya, y huyó con él abandonando
a sus hijos, excepto a Plístenes, además de llevarse la mayor parte de
los tesoros de palacio incluyendo el oro del templo de Apolo y cinco
criadas (entre las cuales figuraba Etra, madre de Teseo y ex reina).
Una violenta tempestad provocada por Hera los obligó a refugiarse
en Chipre, de donde pasaron a Sidón, y allí Paris mató al rey y sa-

queó su tesoro. Tras derrotar a los perseguidores sidonios volvieron a embarcar, hicieron escala en Fenicia, en Chipre y en Egipto, y llegaron a Troya, donde se casaron y Helena fascinó a los troyanos con su extraordinaria belleza. De Paris tuvo Helena una hija también llamada Helena, y tres hijos, Bunico, Agano e Ideo, los cuales murieron en Troya al hundirse una casa. Pero Menelao estaba obligado a lavar la afrenta, por lo cual convocó a los que habían prestado el famoso juramento, y así comenzó la mortífera guerra de Troya, bajo el caudillaje de Agamenón. Los troyanos, dirigidos por el valiente Héctor, resistieron durante diez años y si no se les hubiese ocurrido a los aqueos la idea de entrar en la ciudad escondidos en un caballo de madera, seguramente los valerosos defensores no habrían perdido la guerra. Durante las hostilidades Menelao gozó de la protección de Afrodita, y allí murió el infeliz Paris, aunque no sin haber abatido a numerosos guerreros y herido a Aquiles en el talón con una de sus flechas; hallándose herido a su vez, su primera mujer Enoné se negó a curarlo y luego, arrepentida, se suicidó ahorcándose. Después de la muerte de Paris, Helena quiso huir pero fue hecha prisionera por la guardia y llevada a presencia de Deífobo, un hijo de Príamo y hermano del difunto esposo. Éste se casó con ella a la fuerza, lo cual encolerizó al resto de los troyanos, y cuando los griegos saquearon la ciudad ella no tuvo reparo en entregarlo para hacerse perdonar su adulterio. Como Menelao todavía estaba enamorado de la irresistible reina de la belleza, le perdonó sus errores y reanudaron la vida en común. Tras un viaje de retorno que duró ocho años, volvieron a reinar en Esparta rodeados de paz, prosperidad y felicidad hasta la muerte de Menelao, que fue transportado a los Campos Elíseos por haberle concedido los dioses la inmortalidad. No acabaron entonces las tribulaciones de la viuda, que fue expulsada por Megapentes y Nicóstrato, hijos ilegítimos de Menelao. Fue a refugiarse en Rodas, donde Polixo, la viuda del rey Tlepólemo, la ahogó en el baño y la colgó. Los amores de la bella Helena recuerdan las aventuras de la diosa Aurora en ciertas mitologías. Hay otras dos versiones sobre el final de Helena: que se reunió con Menelao en los Campos Elíseos, o que se dirigió a Táuride y allí fue sacrificada a Ártemis por Ifigenia. La leyenda trata de explicar el culto que se rendía a Helena y Menelao en distintas regiones de Grecia. Símbolo perpetuo de la belleza y la seducción, Helena fue divinizada por concesión de Zeus y tenía adoradores en Rodas, Menfis, Atenas y Terapne; en Esparta se celebraban unas fiestas en su honor, las helenias. Este personaje ha dado nombre al helenio, planta medicinal de flores amarillas, dicen que nacida de sus lágrimas, así como a un planeta telescópico descubierto en 1868. Su leyenda inspiró la tragedia *Helena* de Eurípides.

HERA. La protectora, hija de Cronos y de Rea, fue la gran diosa prehelénica de los fenómenos celestes cuyo culto, según los arcadios, había sido contemporáneo del de Pelasgos, antecesor de los griegos, nacido de la tierra. Poco a poco fue perdiendo su dimensión cósmica para convertirse en prototipo de mujer ideal, protectora de las mujeres en las distintas etapas de su vida, diosa del matrimonio y de la maternidad, reverenciada como tal en todos los países griegos. Las primeras imágenes groseras, un tronco de árbol, una columna, una lápida o un xoanon, fueron reemplazadas luego por una figura femenina vistiendo túnica y tocada con el polos. La etimología del nombre es discutida: genéricamente «dama» en griego, «en su origen tal vez significaba Herwä, protectora»; en sánscrito se encuentra svar, «cielo». Se hallaba en Creta cuando su hermano trató de seducirla adoptando la apariencia de un cuclillo mojado; ella, compadecida, lo acogió en su seno y entonces el pájaro-Zeus la violó, de lo cual se avergonzó tanto ella que se avino a desposar con él: «Este matrimonio conmemora las conquistas de Creta y de la Grecia micénica (vale decir, cretense), y el fin de la supremacía en ambos países», «y explica la fusión de los dos cultos diferentes, el cretense y el griego. Se cuenta que para las bodas, la Madre Tierra le regaló a Hera un árbol que daba manzanas de oro, cuya guarda fue confiada a las Hespérides del monte Atlas. Que la noche de bodas duró trescientos años, y que Hera renovaba periódicamente su virginidad bañándose en la fuente de Canato, cerca de Argos». Zeus y Hera tuvieron a Ares, Hebe, Hefesto e Ilitia, aunque según otras versiones Hefesto fue concebido por partenogénesis (autofecundación), y el celoso marido la obligó a sentarse en un trono provisto de un artefacto que la impidió levantarse mientras no hubo jurado su inocencia por la Estigia, leyenda que quizá «proviene de la costumbre griega de atornillar las estatuas de sus dioses en los tronos para evitar que pudieran escapar, pues la ciudad que perdiese la efigie de su dios o diosa quedaba sin protección divina».

Por otra parte, Hera es el prototipo de la casada celosa y rencorosa, que se vengaba de las constantes y humillantes infidelidades de su esposo persiguiendo a las rivales y a la progenitura de éstas: «las relaciones de marido y mujer entre Zeus y Hera son las que existían entre los bárbaros de la era doria». Entre sus víctimas se cita a Hércules, hijo de Zeus y de Alcmena, a cuya cuna envió aquélla dos serpientes, pero el recién nacido las estranguló con las manos; Sémele, hija de Cadmo y Harmonía, que hizo caso de las sugerencias de Hera y osó contemplar a Zeus en toda su gloria, por lo que fue fulminada; la ninfa Ío, transmutada en vaca por Zeus para protegerla, que enloqueció por las picaduras del tábano enviado por Hera; Latona, que anduvo errante por la tierra hasta llegar a la isla flotante de Ortigia, donde parió a los gemelos Apolo y Ártemis después de nueve días y nueve noches de dolores; Europa, hija del reyfe nicio Agenor y de Telefasa, con quien tuvo Zeus a Minos, Radamante y Sarpedón, pero fue abandonada por su divino amante, etc.

HÉRCULES. La glo-
ria de Hera. Zeus eligió
a Alcmena, esposa de
Anfitrión (para seducir-
la adoptó los rasgos del
marido y aprovechó una
ausencia de éste), des-
cendiente de Perseo, que
fue su decimosexta mujer
y la última mortal, con el

fin de engendrar un héroe superpoderoso, defensor de dioses y de
hombres contra la muerte y, principalmente, rey de la noble casa de
Perseo. Hera le arrancó la promesa de que este privilegio correspon-
dería al primer príncipe que naciese de un o una descendiente de
dicha casa. Luego retrasó el parto de Alcmena y precipitó el nacimiento de Euristeo, hijo de Nícipe (esposa del rey Esténelo), por lo
cual éste fue proclamado rey. Entonces Zeus, a su vez, hizo prometer
a Hera que Hércules podría reinar cuando hubiese superado doce
pruebas que le propusiera Euristeo. Cuando nació en Tebas, Hércules fue abandonado en un campo; Zeus lo ponía al pecho de su
madre mientras ésta dormía. De recién nacido hizo la primera demostración de su valor «heroico» estrangulando con sus manos infantiles las dos serpientes que había enviado Hera para que lo devo-
rasen, mientras su hermano Ificles (que como hijo de Anfitrión, era
mortal) huía aterrorizado. Hércules tuvo una formación privilegiada:
Anfitrión le enseñó a guiar un carro; Éurito, el tiro con arco; Eumolpo, las artes del canto y de tañer la lira. Castor le enseñó las discipli-
nas de la guerra y Lino, la literatura. También recibió del centauro
Quirón clases de medicina y astronomía. Hasta la edad de dieciocho
años guardó los rebaños de Anfitrión, y luego se encaminó al monte
Helicón para cazar el león de Citerón que hacía estragos en los ganados de su padre putativo y del rey Tespio. Éste, que tenía cincuenta
hijas, decidió que todas ellas engendrasen un hijo con Hércules; lo

retuvo en su casa durante cincuenta noches y le ofreció a la primo-
génita Procris. Pero cada noche las hermanas iban sustituyéndose
en el lecho de Hércules.

HERMAFRODITA, hijo bisexuado de Hermes y de Afrodita,
tenía cabellos largos y senos de mujer. Criado por las Náyades en
el monte Ida, a la edad de quince años se encaminó hacia la Caria e
hizo alto junto a una fuente próxima a Halicarnaso, con intención de
bañarse. La ninfa Salmacis se enamoró de él, lo abrazó con ardor y
rogó a los dioses que fundiesen sus dos cuerpos convirtiéndolos en
uno. Y cuentan que a petición expresa del Hermafrodita, a partir de
entonces los hombres que se bañaban en aquella fuente perdían su
virilidad. – Tuvo numerosas figuraciones plásticas; en el Prado hay
una copia romana en bronce, traída de Italia por Velázquez y que
pudo servir de modelo para la *Venus del Espejo*.

HERMES. Columna o Cairn, fruto de la violación de Maya (hija
del gigante Atlas) por Zeus, nació en una gruta del monte Cileno, en
Arcadia. El mito de su nacimiento proviene de un culto prehelénico
a la fertilidad representada por falos de piedra. En efecto, «al principio Hermes no era un dios sino… la fuerza residente en la piedra fálica… el poder totémico de una columna fálica o cairn, alrededor de la
cual se celebraban danzas orgiásticas en honor de la diosa-Tierra, de
quien Maya representa el aspecto de Anciana». Luego estuvo considerado en Arcadia como el protector de los ganados y «espíritu de la
fecundidad» responsable de la prosperidad de los agricultores. Era
también «el demonio de los mojones o piedras miliares». Numerosos
mitógrafos lo consideraron un dios del viento, por su velocidad: se le
representaba cubierto con un chambergo de anchas alas, símbolo de
las nubes que se ciernen sobre las cumbres amenazando vendaval, y
con un bastón en la mano como Wotan, dios germánico provisto de
esos mismos atributos. Por su autoridad soberana sobre los caminos,
era guía de los viajeros; en consecuencia, protector del comercio y

de los comerciantes, y por extensión psicopompo o conductor de las
ánimas en el más allá, y amo asimismo de los sueños. El mismo día
de su nacimiento este dios argifontes, «lleno de brillo», destacó por
sus hazañas no siempre confesables: su madre lo acunó en un cesto
y tan pronto como ella volvió la espalda, él fabricó un instrumento
musical con un caparazón de tortuga y unas tripas de novilla, y se
puso a tocar hasta que su madre se durmió; entonces creció súbita-
mente y salió en busca de aventuras. Se cuenta que robó el tridente
de Poseidón, la espada de Ares, el cinturón de Afrodita...

HESPÉRIDES, las ninfas del Occidente, hijas de la Noche y de
Hesperos hijo de Atlas, eran tres, Egle, Eritia y Hesperia, aunque se citan a veces cuatro, con Aretusa, o incluso siete, que vivían en el extremo occidental del Ecumene o mundo habitado, más allá de los montes Atlas y del mar, allí donde se pone el Sol (lugar que algunos han
querido identificar con las islas Canarias); residían en un jardín donde
crecían las manzanas de oro guardadas por Ladón, hijo de Equidna
y de Tifón, que era un dragón con cien cabezas. La matanza de este
dragón fue uno de los doce trabajos de Hércules, quien además liberó
a las Hespérides, raptadas por Busiris rey de Egipto, por lo que Atlas
agradecido le regaló las manzanas. Una de éstas sirvió a Eris la diosa
de la Discordia para sembrar querellas entre las diosas del Olimpo.

HIDRA, la criatura
acuática, hija de Equid-
na y de Tifón, serpien-
te monstruosa de siete
cabezas que se regene-
raban cuando se las cor-
taban; su destrucción
fue el noveno trabajo

de Hércules. – El mito también se conoció en Mesopotamia, donde hubo un héroe que luchó con una serpiente de siete cabezas y

la venció por el fuego. Personificaba la fiebre de los pantanos, los cuales sólo podían ser saneados y desecados por el fuego, es decir que el mito «dignificaba una vulgar operación agrícola destinada a aumentar la fertilidad de las tierras».

HIMENEO, hijo de Apolo y de Calíope, o de Dioniso y Afrodita, personificación de los cantos nupciales, después de su muerte fue resucitado por Esculapio según dice la leyenda.

HIPERIÓN, el que habita en lo alto, hijo de Urano y de Gea, que tuvo con su hermana Tía a Helios, Selene y Eos. Encarna las fuerzas naturales y sus manifestaciones, a veces el Sol mismo.

ICARIA, isla del mar Egeo donde según la leyenda Hércules enterró a Ícaro cuando éste se ahogó. No debe confundirse con la isla imaginaria donde situó el comunista utópico Étienne Cabet su obra *Voyage en Icarie* (1840). Tuvo Cabet muchos seguidores, por ejemplo en Cataluña, y todavía se encuentran ecos de su colonia utópica en Julio Verne, *Los 500 millones de la Begum* (1878).

ÍCARO, hijo de Dédalo, encarcelado con su padre en el Laberinto por Minos rey de Creta. Escaparon tras fabricar unas alas con plumas y cera. Mientras iban volando Ícaro desobedeció las instrucciones de su padre, se acercó demasiado al Sol, que fundió la cera, y cayó al mar, ahogándose.

IDOMENEO, hijo de Deucalión, nieto de Minos y de Pasífae, y rey de Creta, fue uno de los pretendientes de Helena. Participó en la guerra de Troya y al regreso, su nave sufrió una violenta tempestad, por lo que prometió a Poseidón que le sacrificaría la primera persona que los recibiese en las costas de Creta. Por desgracia resultó ser su propio hijo. Con el corazón hecho pedazos Idomeneo se vio obligado a cumplir su promesa; pero el pueblo horrorizado lo expulsó para poner fin a una epidemia que asolaba el reino. Entonces él se encaminó a Italia meridional y fundó en Calabria la ciudad de Salerno (o en Asia Menor, según otra tradición). – En 1781 estrenó W. A. Mozart en Munich su ópera *Idomeneo re di Creta*.

IFIGENIA, nacida de (madre de) raza vigorosa, hija de Agamenón y de Clitemnestra (según algunos, hija de Helena y de Teseo adoptada por su tía Clitemnestra). Cuando los griegos se disponían a zarpar hacia la Tróade una encalmada retuvo la flota; el adivino Calcante declaró que si querían vientos favorables, Ifigenia debía ser sacrificada a Ártemis. Pero la diosa sustituyó a la víctima con una cierva y arrebatándola por los aires, se la llevó a la Táuride, donde la hizo sacerdotisa de Ártemis Tauropolos; en estas funciones inmolaba a todos los forasteros que se aventurasen por la comarca. Pero cierto día reconoció en uno de éstos a su hermano Orestes, y se fugó con él llevándose la estatua de Ártemis; una vez en Ática siguió ejerciendo de sacerdotisa hasta el fin de sus días.

ÍO, la Luna, hija del dios-río Ínaco y de Melisa, la sacerdotisa de Argos a quien Rea confió a Zeus niño. Deseada por el mismo Zeus, éste la convirtió en una ternera para sustraerla los celos furiosos de Hera. Pero ésta no se dejó engañar y reclamó el animal, poniéndolo bajo la guarda de Argos, el gigante que tenía cien ojos y nunca los cerraba todos. Enviado Hermes por Zeus para que la rescatase, lo consiguió el astuto dios contándole historias a Argos hasta dormirlo por completo. Entonces Hera envió un tábano que atormentó a Ío hasta volverla loca y emprendió una tremenda carrera desde Dodona hasta el mar (a partir de entonces llamado «iónico» o Jónico), subió al monte Hemos, pasó por el estrecho del Danubio, contorneó el mar Negro, cruzó el Bósforo («paso del buey», de bous, buey, y poros, paso) en Crimea, subió aguas arriba del río Hibristes hasta su nacimiento en el Cáucaso, donde vio a Prometeo encadenado a su roca, regresó a Europa por la Cólquide y el Bósforo, cruzó hacia el Asia Menor, recorrió la Media y la Bactriana y arribó a las Indias. Volviéndose hacia el Suroeste, entró en Arabia, cruzó el Bósforo indio (el Bab-el-Mandeb) con lo que se halló en Etiopía, y siguiendo el curso del Nilo acabó en Egipto. Allí recuperó su forma humana, desposó con Telégono y parió a Epafo, hijo de Zeus que fue concebido con sólo tocarla, e instituyó el culto a Isis, con quien acabaron por identificarla los griegos. – El relato de los viajes de Ío tiende a explicar las «semejanzas entre el culto de Ío en Grecia, el de Isis en Egipto, el de Astarté en Siria y el de Kali en la India».– Nombre de un planeta telescópico descubierto en 1877.

ÍTACA, la isla jónica donde era rey Ulises cuando partió para la guerra de Troya. Durante su viaje de regreso, que duró diez años, se le apareció un espejismo que le representó la imagen de su patria, lo cual fue una venganza de Poseidón, irritado por su victoria. – Símbolo utilizado para exponer la idea de que «lo que importa es navegar», señaladamente en el poema de K. Kavafis, *Ítaca* («si vas a emprender el viaje hacia Ítaca, pide que el camino sea largo...» etc.).

JASÓN. Héroe tesalio de la estirpe de los eólidas, hijo de Alcímeda (o de Polimede) y de Esón rey de Yolco que fue destronado por su hermano Pelias. Lo crió el centauro Quirón en el monte Pelión, y cuando llegó a la edad adulta decidió ir a Yolco para restablecer los derechos de su padre. En el camino perdió una de sus  sandalias mientras ayudaba a Hera que disfrazada de anciana quería pasar un río (este detalle caracteriza a Jasón como guerrero pues se dice que los etolios iban al combate descalzos del pie izquierdo). Llegado a su destino se presentó a Pelias, quien advertido por el oráculo del peligro que le suponía cualquier forastero descalzo, le prometió su reino a cambio del vellocino de oro, el del carnero prodigioso sobre el cual huyeron Frixo y Hele, los hijos del rey Atamante, rumbo a la corte del rey Eetes de la Cólquide. Dicho vellocino estaba colgado de un roble sagrado y guardado por un terrible dragón. Fue entonces cuando Jasón organizó la célebre expedición de los argonautas, la primera empresa nacional griega y uno de los tres grandes acontecimientos (con la guerra contra Tebas y el sitio de Troya) que marcaron las edades primitivas de Grecia. Fueron cincuenta (uno en representación de cada ciudad) los que embarcaron en el Argo, así llamado por su constructor Argos o por la palabra griega argos, «el ligero». Durante este viaje «al país de Eetes, "el poderoso", que andaba en boca de todos», los héroes vivieron muchas aventuras y lucharon contra los elementos desencadenados y los piratas que infestaban los mares. Se cuenta que incluso vieron las islas de las Sirenas y el estrecho de Escila y Caribdis antes que Ulises.

JUNO, hija de Saturno y de Rea, esposa de Júpiter, se identifica con la diosa griega Hera, aunque sus sobrenombres Juno Lucetia y Juno Lucina, «la brillante» dan a entender que en alguna época fue una deidad luminosa, encargada de proteger la santidad del matrimonio y de presidir los partos bajo la advocación de Eileithya, a la que se honraba en las matronalias. Otros sobrenombres: Juno Regina, asociada a Júpiter y Minerva; Pronuba, protectora del matrimonio; Moneta, la del buen consejo; Cælestis, homóloga de Astarté; Sospita, divinidad tutelar de las mujeres, etc.

KYBALION, el conjunto de las siete leyes fundamentales del conocimiento, formuladas en Egipto hace milenios y atribuidas a Hermes: la ley de la unidad fundamental, la de universalidad del movimiento pendular, la de la polaridad sexual, la de no oposición de los contrarios, la del Karma, la de legalidad de la Naturaleza, la del Ciclo.

LABERINTO, especie de hipogeo formado por numerosos pasillos entrecruzados en todas direcciones, o sin salida. El más célebre fue el laberinto a cielo abierto construido por Dédalo en Cnossos para encerrar en él al Minotauro, por encargo de Minos rey de Creta. El único que consiguió salir fue Teseo gracias a la idea de marcar el camino con un hilo que le dio Ariadna. Los cretenses conmemoraron esta hazaña con una danza del laberinto que ejecutaban parejas de jóvenes, cuyas evoluciones simulaban el complicado recorrido.

LAERTES, la hormiga, hijo de Acrisio, esposo de Anticlea hija de Autólico, fue el padre de Ulises (aunque otras fuentes dicen que éste era hijo de Sísifo, que sedujo a su madre poco antes de que ésta se casara con Laertes). Fue uno de los argonautas y participó en la cacería del jabalí de Calidón. Durante la larga ausencia de su hijo y como no podía enfrentarse, por su ancianidad, a los pretendientes de Penélope, se retiró a una de sus fincas donde vivió humildemente como uno más de sus pastores, hasta el regreso de Ulises.

LAOCOONTE,

héroe troyano, hijo de Príamo
y de Hécuba (o de Antenor y
Acetes), sacerdote de Poseidón (o de Apolo), trató de
impedir que entrase en Troya
el caballo de madera, por lo cual
le castigaron los dioses protecto-
res de los aqueos. Estando en la
playa con dos hijos suyos, salieron
del mar dos serpientes enormes
y los ahogaron a todos. Según
otras fuentes, fue un castigo de

Apolo por haber profanado el templo uniéndose a su mujer delante
de la estatua del dios. Esta leyenda ha inspirado a muchos escultores
antiguos; se atribuye a Agesandro, Polidoro y Atenodoro el grupo he-
lenístico que restauró Miguel Ángel y se conserva en el Belvedere del
Vaticano. Hay un cuadro del Greco sobre el mismo asunto.

LEDA, la dama, esposa de Tíndaro rey de Esparta, fue seducida
por Zeus metamorfoseado en cisne, y puso un huevo del que nacieron los Dioscuros; también tuvo a Helena y Clitemnestra. En recuerdo de aquella astucia Zeus colocó en el cielo las efigies del Cisne y
el Águila. – La unión de Leda y el cisne fue representada en el arte
antiguo y sobre todo por los renacentistas, Leonardo, Miguel Ángel,
Correggio; la mitología era buen pretexto para representar desnudos femeninos en actitud de éxtasis.

LESTRIGONES, gigantes antropófagos que vivían en el
norte de Sicilia o el sur de Italia; cuando recaló por allí Ulises, se
comieron a varios de sus compañeros y tuvo que hacerse otra vez
a la mar, perseguido por los lestrigones que le arrojaban piedras
como montañas.

LETE o Leteo, hija de Eris y río de los Infiernos, procuraba el olvido a quienes bebieran de sus aguas. Por eso las ánimas las tomaban para olvidar las penas de la pasada vida terrenal. Apodado «el río de aceite» por su discurrir silencioso, le llamaban también deus tacitus, el dios silencioso.

LICAÓN, el lobo engañador, hijo de Pelasgo y Melibea (o de Titán y Gea), padre de Calisto y de Día (se le atribuyen veintidós o cincuenta hijos). Es el legendario legislador y civilizador de Arcadia, fundador de la ciudad de Licura e iniciador del culto a Zeus Liceo; pero incurrió en la cólera del dios por haberle sacrificado un muchacho, y quedó transformado en lobo.

LOTÓFAGOS, población del norte de África que comía exclusivamente loto y flores, alimento que ofrecieron a Ulises y compañeros cuando éstos desembarcaron en aquellas costas. Era más dulce que la miel, pero tenía la propiedad de hacer olvidar patria y familia a quien lo hubiese probado, por cuyo motivo el héroe tuvo que usar de la fuerza para reembarcar a sus seguidores, mientras éstos lloraban y se resistían a marcharse.

LUPERCO, matador de lobos, antigua divinidad itálica luego asimilada al dios Pan; era celebrada en Roma los 15 de febrero por medio de las fiestas lupercales, un homenaje a los principios universales de vida y fecundidad. Los lupercos inmolaban una cabra y un perro que se regaban con sangre y se lavaban con leche para pasearlos después por la ciudad, las espaldas cubiertas con pieles cabrías como símbolo de lascivia, y portadores de correas hechas también con las pieles de las víctimas sacrificiales, para ir repartiendo azotes al público. Las mujeres embarazadas ofrecían el vientre a los golpes convencidas de que así tendrían un parto fácil. Las lupercales siguieron celebrándose hasta el siglo V d.C.

MARTE, transposición del Ares griego, dios romano de la guerra, a quien se dedicó el mes correspondiente al paso del Sol por la constelación de Aries, regida por el planeta Marte, así como un día de la semana, el martes *(martis diem)*. Era también el dios de las asambleas, para los germánicos Mars Thing sus, Tiwaz Thingsaz (de ahí el inglés «Tuesday»). Tuvo consideración de divinidad agrícola que evitaba la roya del trigo (un hongo parásito cuyas esporas dejan manchas rojizas, el color de Marte) y aseguraba la prosperidad de los rebaños. Su homólogo era el dios galo Esus, «el Señor» (palabra que se dice *asura* en sánscrito y *erux* en latín), quien formaba con Teutates y Taranis la tríada que personificaba al dios supremo, Alaunios «el nutricio» y Adsmerios «el que concede las gracias». Es el espíritu benefactor que abatió el árbol del cual se derramó la fertilidad por todo el mundo.

MEDEA, mujer astuta, hija de Idea (o de Eurílite o de Hécate) y de Eetes rey de Cólquide, que era el guardián del vellocino de oro cuya historia se halla estrechamente vinculada al ciclo de los argonautas. Cuando Jasón y los argonautas llegaron en busca de aquel tesoro, se tropezaron con la hostilidad del rey, poco inclinado a desprenderse de su vellocino. Pero Medea se enamoró de Jasón y los ayudó a burlar las trampas de su padre, con ayuda de su hermanastro Absirto. Como dominaba el arte de preparar ungüentos mágicos,

Medea elaboró uno que lo hacía invulnerable a las llamas que escupía el dragón centinela del tesoro, durmió a la fiera con sus encantamientos y se apoderó del vellocino para entregárselo a Jasón. Luego emprendieron la huida, perseguido por Eetes, pero despedazaron a Absirto y su padre tuvo que detenerse para enterrarlo. Recibidos como héroes en Yolco de Tesalia, Jasón le juró amor eterno y se casaron.

Medea tuvo numerosas ocasiones para hacer demostración de su habilidad: rejuveneció al suegro despedazándolo e hirviendo los miembros en un caldero, de donde volvió a salir entero y hecho un mozo. Pero los poderes de Medea tomaban muchas veces un cariz maléfico; para desembarazarse de Pelias, hermano de Esón, que se había apoderado del trono, convenció a sus hijas las Pelíades para que ensayaran el método de rejuvenecimiento con su padre, pero se abstuvo de explicarles cómo se conseguía la recomposición final.

En vista de lo cual Acasto, hijo de Pelias, expulsó a Jasón y Medea, quienes se vieron obligados a refugiarse en Corinto, donde nacieron sus hijos Medo, Mérmero y Feres (o Tesalio); algunos aseguran que también fue madre de Alcímenes, de Tesandro y de Argos, lapidados por los corintios (lo cual evoca los sacrificios de niños que se practicaron en las épocas más remotas). Por este motivo, todos los años enviaban siete doncellas y siete muchachos vestidos de negro a pasar un año de retiro en el templo de Hera de la región donde se perpetró la matanza. Jasón y Medea fueron felices algún tiempo, pero luego el héroe se cansó de la maga, olvidó su juramento y quiso repudiarla para casarse con la tebana Glauce hija de Creonte rey de Corinto. Entonces la esposa burlada, tras meditar bien su venganza, le regaló a la novia una arqueta, una diadema y una túnica envenenada, lo cual abrasó el cuerpo de la joven e incendió el palacio, muriendo Creonte y todos sus invitados. Se cuenta que fue en esta circunstancia cuando rechazó las proposiciones de Zeus, admirado de la iniciativa de Medea; agradecida por ello, Hera le prometió la inmortalidad para sus hijos. Luego se dio a la fuga en un carro tirado por dos serpientes aladas; al paso por Tebas curó a Hércules, atacado por una locura furiosa, y aterrizó en el Ática, donde la recibió y desposó el anciano rey Egeo, persuadido de que tendría un heredero gracias a los poderes mágicos de ella. Y así se cumplió, puesto que engendraron a Medo. Pero cuando Teseo, el primogénito de Egeo, regresó de Trecén, Medea temió por la suerte de su hijo e intentó que aquél bebiera una copa de licor envenenado.

Teseo se dio cuenta a tiempo y quiso vengarse, por lo que la maga huyó precipitadamente y desapareció con el joven Medo, envolviendo a ambos en una nube mágica. Después de una breve estancia en Tesalia, donde fue derrotada por la nereida Tetis en un concurso de belleza, pasó a Italia, donde enseñó a los marrubios el arte de encantar las serpientes. Posteriormente la hallamos de nuevo en Yolco de Cólquide, donde su tío Perseo había usurpado el trono de su padre; Medea lo mató, restableció a Eetes e incorporó la Media al reino de Cólquide. Los dioses le concedieron la gracia de la inmortalidad y pasó a residir en los Campos Elíseos, donde dicen que fue (ella, que no Helena) esposa de Aquiles. Se le rindió un culto en Tesalia y Corinto. – Esta leyenda ha inspirado a varios autores trágicos: Eurípides dio una versión patética en su Medea, estrenada en el 456 a.C.; también a Esquilo, Sófocles, Ovidio, Séneca, Corneille (1635), Legouvé (1856), Anouilh (1953).

MEDUSA, hija de Forcis, fue una de las tres Gorgonas, la única mortal y que en consecuencia podía ser vista por los hombres, aunque su mirada siniestra dejaba convertido en piedra a quien tuviese la desgracia de tropezarse con ella. Había nacido joven y hermosa, y su magnífica melena sedujo a Poseidón, quien metamorfoseado en pájaro la raptó y se unió a ella en un templo de Atenea. Indignada por la profanación, la diosa convirtió sus hermosos cabellos en serpientes y la relegó a los confines occidentales del mundo. Fue allí donde la atacó Perseo y le cortó la cabeza. Del cuerpo decapitado, símbolo de la nube de tormenta, nacieron el gigante Crisaor o «llamarada», símbolo del relámpago, y el caballo alado Pegaso, que de una coz hizo nacer una fuente o manantial, símbolo de la lluvia. Además de proporcionarle las armas mágicas que le permitieron salir vencedor (el espejo y el casco de la invisibilidad, para mirar sin ser visto), Atenea guió el brazo de Perseo y luego recogió la sangre de la Medusa, que regaló al sanador Esculapio.

MERCURIO, divinidad latina, hijo de Júpiter, quedó asimilado a Hermes; aunque fue en su origen un dios de las cosechas compañero de Ceres, acabó convertido en patrono de los mercaderes y de los gremios. Lleva alas en los pies, y el caduceo en la mano, a veces también una bolsa.

MIDAS, grano, pepita, hijo de Gordio, o hijo de Cibeles y de un sátiro, alumno de Orfeo, rey de Bromio de Macedonia, gran aficionado a cultivar las rosas de su jardín. Acogió con benevolencia a un sátiro del séquito de Dioniso, y el dios le concedió en premio el privilegio solicitado de convertir en oro todo lo que tocase. Al principio Midas era el más feliz de los hombres: una brizna de hierba, una piedra se convertían al instante en pepitas de oro. Pero las cosas empezaron a estropearse cuando la comida y el vino se le convirtieron en oro también, y no pudo alimentarse, y cuando quiso tomar en brazos a su hijo y se convirtió en una figura de oro. Para retornar a su estado normal tuvo que bañarse en el río Pactolo, y por eso dicho río lleva pepitas de oro desde entonces. Cierto día le tocó arbitrar un concurso entre Pan y Apolo, que tocaron la lira, y él dio el premio a Pan. En venganza, Apolo le dio orejas de asno, y Midas se puso un gorro frigio para que los súbditos no vieran sus apéndices. Pero sí los veía el peluquero del rey, por lo cual éste le impuso un juramento de silencio. Al pobre hombre le pesaba el secreto, así que hizo un agujero en la orilla del río y acercando la boca, murmuraba «el rey Midas tiene orejas de asno». Poco después crecieron unos rosales en aquel lugar, y susurraban el secreto a todos los transeúntes. El infeliz Midas condenó a muerte a su peluquero y él mismo murió luego por beber sangre de toro.

MINERVA, o Menerva primitivamente, diosa etrusca y latina de las artes, de la inteligencia y de la industria, suele aparecer asociada a Júpiter y a Juno. En Roma se le rendía culto en las quinquatrías mayores, el primero de marzo, para los artesanos y las escuelas, y las quinquatrías menores, el 13 de junio, para los músicos flautistas. Identificada luego con la diosa griega Atenea, sus atributos eran el búho y el olivo, al que los poetas llamaban «el árbol de Minerva».

MINOTAURO, monstruo con cuerpo de hombre y cabeza de toro, nacido de los culpables amores de Pasífae reina de Creta con el magnífico toro blanco que el rey Minos no quiso sacrificar a Poseidón. La versión más completa de esta leyenda es la narrada por el pseudo-Apolodoro de Atenas en su Bibliotheca, III, 1, 3-4. Es un mito complejo, donde se entrecruzan numerosos símbolos: el laberinto, el

inventor, el toro (omnipresente en la mitología antigua, si recorda-
mos que Europa la madre de Minos fue raptada por un toro, el cual
no era otro sino Zeus disfrazado, y llevada a Creta), Pasífae la hija de
Helios (el Sol), y el epíteto de Asterión o Asterio, «el estrellado», que
también se aplicaba al Minotauro. Pueden distinguirse en la leyenda estratos de diferente antigüedad, pero tan difíciles de interpretar
como las alusiones, muy abundantes sin embargo, del arte minoico
cretense a fiestas o rituales taurinos. Ha estimulado la imaginación
de los artistas hasta hoy mismo (Picasso, Miró). Teniendo en cuenta
que el Minotauro sería en su origen «el aspecto nocturno, sombrío
y terrible de una antigua representación egipcio-cretense del dios
solar encarnado y rey divino», la explicación psicológica quiere ver
en el combate entre Teseo y el Minotauro una lucha entre el bien y
el mal, como en todos los combates míticos, y la victoria sobre los
aspectos negativos de la personalidad.

MOIRAS, el destino de
cada ser humano, son tres,
hijas del Erebo y de la Noche, o nacidas por partenogénesis de la Necesidad,
llamada «la Parca más po-
derosa»; incluso Zeus les
debía obediencia hasta el
momento en que «se adue-
ñó del poder supremo y de
la facultad de medir la vida de los humanos». Cloto hila con su huso
la trama de la existencia, mientras Láquesis mide con una varilla la
longitud o duración que va a tener y Átropo corta ese hilo con sus
tijeras. – Las Parcas o Tri Fata de los romanos son las homólogas
de estas Moiras, símbolo del destino, también representadas como
hilanderas que tienen jurisdicción sobre el nacimiento (Nona), los
matrimonios (Decima) y las muertes (Morta).

MORFEO, hijo del Sueño y de la Noche, hermano de Fantasio y de Fobetor, es el que lleva los sueños a la mente de los humanos. Lo representaban con alas de mariposa y con un puñado de papaveráceas en la mano.

MORGANA, o Morgue en francés antiguo, hada de la isla de Sein, es la dama del Lago procedente de la mitología céltica; poseía dones extraordinarios de sanadora. Acogió a numerosos héroes: el rey Arthur después de su derrota, Garin de Montglane, Ogier el danés, etc. Tuvo gran popularidad, incluso en Italia, donde Fata Morgana designa unos espejismos que se observaban en las costas de Mesina y Reggio.

MUSAS. El torbellino, la tormenta, originarias de Tracia, región considerada por los griegos como el país de las luces; el propio nombre tenía un significado simbólico de «tierra de la doctrina pura y de la poesía sacra que emana de aquélla». En su origen eran tres diosas de la montaña, sin atribuciones concretas, que se limitaban a inspirar los cantos dirigidos por el corifeo, Apolo. Fueron ésas las tres Musas que enseñaron a la Esfinge el acertijo que ésta proponía desde el monte Fición a todos los viajeros. Más tarde las hicieron hijas de Zeus y de Mnemosine la diosa de la memoria (o de Urano y Gea), doncellas de espléndida belleza que tenían encantados a los dioses del Olimpo. Benévolas y compasivas, consolaban al que sufre; ellas recogieron los miembros de Orfeo y lo enterraron al pie del Olimpo. En lo terrenal, estas diosas del ritmo y el número eran las protectoras de las artes, y daban la inspiración a los poetas que acudían a refrescarse en las fuentes próximas a sus santuarios del

Helicón, de Esparta o de otros lugares de Grecia. Los dorios las invocaban en vísperas de las batallas, para que colaborasen al acierto de los movimientos de tropas. Hacia el siglo IX a.C. Hesíodo enumeró nueve Musas, cada una protectora de una actividad determinada y todas dirigidas por el báculo de Apolo, llamado en la circunstancia Musageta, «el que guía a las Musas». Son las nueve clásicas: Calíope, de la poesía épica y la elocuencia; Clío, de la Historia; Érato, de la poesía amatoria; Euterpe, de la música; Melpómene, de la Tragedia; Polimnia, de la canción y los himnos; Terpsícore, de la danza y el canto coral; Talía, de la Comedia y la poesía humorística; Urania, asociada a la astronomía y la geometría. A estas musas célebres puede sumarse Castalia, la musa de la inspiración. Los romanos las identificaron con sus Camenas. En el inconsciente masculino, las Musas encarnan la imagen nostálgica del hada que consuela en las horas de tribulación, cura las llagas psíquicas e inspira las grandes obras. Imagen muchas veces magnificada e idealizada de la «virgen», terreno inexplorado, o mujer ideal e inaccesible.

NARCISO, narcótico, hijo del dios fluvial Cefiso y de la ninfa Liríope, según el oráculo viviría mientras no contemplase su propia imagen. Un día lo vio la ninfa Eco y se enamoró de él, pero no pudo declararle sus sentimientos ya que estaba condenada a repetir las palabras ajenas, por un maleficio que le había echado Hera. Así que se contentó con seguirlo por el bosque. Narciso advirtió su presencia y la llamó, pero al no escuchar otra cosa en respuesta sino sus propias voces, acabó por cansarse y se fue. El joven ignoraba el amor de las muchachas atraídas por su singular belleza, lo mismo que el de Aminas (afluente del río Helicón), que se quitó la vida delante de su puerta no sin clamar a los dioses pidiendo venganza. Ártemis oyó la petición y durante una cacería dirigió los pasos de Narciso hacia una fuente, donde quiso refrescarse. Al contemplar el reflejo de su semblante en las aguas claras se enamoró de la imagen, pero por más que intentaba besarla ésta le rehuía siempre. Desesperado por no poder atrapar a su otro yo, se quitó la vida con un puñal mientras la pobre Eco repetía sus últimas palabras. En el lugar donde su sangre empapó el suelo nació la flor que lleva su nombre (una planta bulbosa de la familia de las amarilidáceas), en otro tiempo empleada para preparar un bálsamo que aliviaba el mal de oído y curaba los sabañones. – Inspiró a muchos pintores, en particular a Caravaggio, y ha quedado como paradigma del egocentrismo y de la vanidad.

NAUSICA, la que incendia las naves, hija de Arete y de Alcinoo rey de la isla de Drépane. Cierto día que estaba jugando a pelota con sus compañeras en la playa, descubrió a Ulises desnudo y dormido. Sorprendida por la presencia del desconocido exhaló un grito. El héroe despertó sobresaltado y se apresuró a cubrirse con una rama de olivo. Pero la princesa se acercó y así pudo saber que había sido arrojado a la playa tras naufragar su barco por la inquina de Poseidón. Ella se enamoró del bello navegante, rejuvenecido para la ocasión por su protectora Atenea, pero él, por desgracia, sólo pensaba en su Penélope. Con el corazón roto, lo condujo a su palacio, lo vistió regiamente y pidió a su padre que ayudaran a Ulises para que éste pudiera regresar a su patria. Alcinoo escuchó el relato de sus desventuras, y luego le dio un barco, en el que desapareció en el horizonte dejando en la orilla a la desconsolada Nausica. Simboliza la bondad ingenua y la razón (por la discreción de sus respuestas a Ulises).

NÁYADES, las ninfas de las aguas, divinidades protectoras de las aguas vivas, de los arroyos, los manantiales, los ríos; hijas de Zeus y madres de los Silenos y los

Sátiros, nodrizas de Hermes, de Dioniso y de otros dioses. Veneradas en toda Grecia, las representaban bajo el aspecto de doncellas coronadas con guirnaldas de flores.

NÉMESIS

NÉMESIS. La equidad, hija de la Noche y del Erebo según Hesíodo, o de Océano, o de Zeus, según otros autores. En su origen Némesis fue la diosa de la venganza divina; a partir del siglo VI a.C. se pasó a considerarla como la guardiana del orden universal, responsable de la moral e instrumento de la justicia que aseguraba una distribución más equitativa de los favores divinos. En efecto, se creía que los dioses envidiaban la prosperidad excesiva o la felicidad insultante de algunos hombres, a quienes tal vez podría ocurrírseles compararse con ellos. Para hacerse perdonar, por consiguiente, los mortales afortunados debían ofrecer sacrificios a estas divinidades, o bien dar de lo que tenían a fin de paliar la miseria de sus conciudadanos. Cuando no se cumplían estas condiciones intervenía Némesis y los obligaba a entrar en razón y recobrar la humildad. Fue deseada por Zeus y huyendo de él, se metamorfoseó varias veces: en castor, en pez, en oca, pero cada vez él hizo lo mismo para unirse a ella; de la unión resultó un huevo que fue confiado a Leda, y de él nacieron Helena y los Dioscuros, Cástor y Pólux (otros autores dicen que éstos fueron hijos de Leda y de padre diferente, Cástor hijo de Tíndaro y Pólux de Zeus). Tuvo popularidad en Asia Menor y en Grecia; «el concepto filosófico de Némesis recibió culto en Radamante», donde antes de la batalla de Maratón, el general de los persas quiso erigir un monumento de mármol blanco para conmemorar su victoria en el Ática, pero no llegó a construirlo porque la derrota naval de Salamina le obligó a emprender la retirada; los vencedores aprovecharon el mármol blanco para esculpir una estatua de Némesis (se dice que hecha por Fidias), en este caso personificación de la venganza divina «y no sólo el justo decreto del drama anual de la muerte figurado por las transformaciones estacionales de la diosa». A veces se añadía a su nombre el epíteto de adrasteia, «de la que no hay escapatoria». La representaban con una corona de ciervos, con una rama de manzano en una mano y la otra sobre una rueda; originariamente «esta rueda es el año solar, como lo indica la etimología del nombre de su homóloga latina Fortuna, que viene de Vortumna, la que hace girar el año». Ceñía la cintura con un látigo, «antaño utilizado en las flagelaciones destinadas a fecundar los árboles y fertilizar los campos de trigo»; en ocasiones se lleva la mano a la boca para recomendar a los hombres discreción y moderación.

NEPTUNO, dios romano del mar, consorte de Salacia (derivado de «sal»), sustituyó al antiguo dios itálicos Celso en la presidencia de las carreras de caballos bajo la advocación de Neptunus Equester. Lo identificaron con el dios griego Poseidón, que fue en su origen un dios de la humedad invocado por los labradores en época de sequía. En Roma los barqueros del Tíber lo celebraban el 23 de julio mediante las neptunalias, consistentes en regatas y banquetes. – Fue representado por numerosos pintores y escultores: Rafael (*El triunfo de Neptuno, Neptuno amenazando a los vientos*), Tiziano (*Neptuno y Anfitrite*), Rubens, etc.

NEREIDAS, las doncellas mojadas, las cincuenta hijas de Nereo y de Doris, ninfas del mar que acompañaban a Tetis (o Anfitrite); personificación de los colores y los movimientos del oleaje, se cree que serían «un colegio de cincuenta sacerdotisas de la Luna cuyos ritos mágicos servían para asegurar la prosperidad de la pesca» – Las representaban como hermosas doncellas con la cabellera adornada de perlas, cabalgando sobre delfines o hipocampos.

NÉSTOR, el que habla el último, el benjamín de los doce hijos de Neleo y de Cloris, y el único que sobrevivió a la matanza de sus hermanos por Hércules y consiguió acceder al trono de Pilos. Desposó con Anaxibia, que le dio numerosos hijos. Néstor luchó contra los eleos, que oprimían a los pilios, y combatió a favor de los lapitas en el conflicto de éstos con los centauros. También le hallamos entre los que conquistaron el vellocino de oro. Gozó del favor de los dioses y Apolo le concedió una longevidad tal que llegó a abarcar tres generaciones, lo que le permitió participar asimismo en la guerra de Troya. En ella hizo con frecuencia de mediador, para allanar las querellas que solían dividir a los héroes griegos, y que comprometían el éxito de la expedición. Al término de la guerra regresó a Pilos, donde impuso la justicia y la prosperidad. Fénelon en su *Télemaque* dice que cuando se marchó de Troya fue a Italia meridional, donde fundó la ciudad de Metaponto. – Su nombre ha quedado como sinónimo de amigo y consejero apreciado por la sabiduría y prudencia de sus opiniones.

NINFAS

NINFAS. Mujeres con velo, las novias, personificación de las fuerzas vivas de la naturaleza, son unas divinidades secundarias, benevolentes, que vigilan la salud y el bienestar de los humanos, protectoras de los jóvenes, de los novios y de los recién casados. Están en todos los lugares campestres, bosques, arboledas, montañas, fuentes, grutas, etc. Como guardianas de la fertilidad, para los griegos se identifican asimismo con la lluvia, el aire, los ríos, los manantiales y las fuentes. De sus uniones con los mortales nacieron semidioses, lejanos antepasados de la humanidad, y héroes. Representadas originariamente coronadas de perlas y con flores en las manos, aparecen luego en estado de semidesnudez, en la mano la concha de donde vierten el agua de los manantiales. Se les rendía culto en las grutas, en templos erigidos al lado de las fuentes, o en fiestas ninfeas a la orilla del mar.

NÍOBE

NÍOBE, la nevada, hija de Tántalo, esposa de Anfión rey de Tebas, fue la primera mortal amada por Zeus cuando había tenido ya siete hijos y siete hijas. Del dios tuvo a Argos, que fundó la ciudad de su nombre. Pero el destino de Níobe fue triste: por haberse envanecido de su fecundidad, superior a la de la diosa Latona, madre de Ártemis y de Apolo, vio perecer a todos sus hijos bajo las flechas de ambas divinidades. Loca de dolor, Níobe suplicó a Zeus que pusiera fin a sus tribulaciones, y la convirtió en una roca del monte Sípilo, en Frigia. Esta triste aventura fue contada por muchos poetas y representada por numerosos artistas; en la Antigüedad se mostraba la roca de Níobe, una peña que vista de lejos parecía una mujer llorosa.

NUMEN, entre los romanos, fuerza misteriosa que dirige los actos de los seres humanos, pero también reside en los mundos mineral, vegetal y animal. – En nuestro lenguaje corriente ha pasado a significar la inspiración del escritor o del artista.

OCEÁNIDAS u oceánides, ninfas del mar, hijas de Océano, eran tres mil según Hesíodo, entre las cuales Admeta, «la indomable», Calirroe, «de bella corriente», Calipso, «la escondida», Clitia, «la ilustre», Criseis, «la de oro», Electra, «la de ámbar», Eurínome, «la de vasto prado», Metis, «la inteligente», Peito, «la persuasiva», Polídora, «la de muchos regalos», Rodea, «la rosada», Telesto, «la perfecta», Tique, «la suerte», Xanta, «la rubia». – Estos personajes se relacionan con el agua, con la navegación, y con la función que tenían encomendadas las Oceánidas, la crianza de los hombres. Fueron cantadas por Esquilo (Prometeo) y han inspirado a los artistas, como Henri Lehman, *Océanides au pied du roc de Prométhée*.

ODISEA, poema épico atribuido a Homero (o a un grupo de autores de distintas épocas, cuya obra habría sido recopilada en tiempos del tirano Pisístrato), compuesto de veinticuatro cantos que narran las aventuras de Odiseo, o Ulises, desde que salió de Troya hasta su retorno a Ítaca. En las leyendas de que se hace eco, los viajes y las hazañas del protagonista se refleja la civilización helénica.

OLIMPO, monte de Tesalia donde se situaba la morada de los dioses, por encima de las nubes. Allí se reunían para decidir sobre los destinos de los mortales y los héroes. Era una especie de paraíso de continuos y fastuosos banquetes, durante los cuales las Musas servían el néctar y la ambrosía, y deleitaban a los dioses con sus danzas y canciones.

ORÁCULOS, los adivinos que predecían el porvenir empleando diversas técnicas mánticas; los más conocidos de entre los griegos fueron Tiresias, Anfiarao, Casandra, Melampo, Yamo, Calcante, etc. Fueron sedes principales de este arte: el santuario de Apolo en Delfos, los de Zeus en Olimpia y Dodona, el de Zeus-Amón en Libia, los de Apolo de Delos y Claros, el de Dioniso en Anficlea, el de Esculapio en Epidauro, entre los oráculos más conocidos de Grecia. En Italia, el de la Sibila cerca de Cumas, el de Faunus y el de Albunea. – El más prestigioso fue el del Apolo délfico; el dios hablaba a través de la sacerdotisa, que entraba en trance después de inhalar sahumerios de determinadas plantas. Los pronunciamientos solían ser ambiguos y de difícil interpretación, cuando no engañosos, como este que oyó Creso cuando consultó por tres veces a Delfos para saber si vencería a los persas: «Cuando el rey de los medos fuere un mulo, huye entonces al Yermo pedregoso, oh lidio delicado». Por lo que se creyó a salvo hasta que fue derrotado por Ciro (al que se comparaba con un mulo por ser sus progenitores de diferente nación).

ORFEO. El que cura por la luz, hijo de la ninfa Calíope y de Apolo (o de Eagro rey de Tracia según algunos), dotado de una extraordinaria belleza, de múltiples talentos y de misterioso poder, pasó por ser el mayor poeta y músico de Grecia. De su lira de siete cuerdas, regalo de Apolo (o de Hermes) extraía unos sones tan dulces que eran capaces de apaciguar tormentas, de sosegar las fieras y de encantar los árboles, los ríos y hasta las peñas, que le seguían adonde iba. Como sabía seducir tanto a las divinidades como a los humanos, logró civilizar las salvajes costumbres de los tracios. Acompañó a los argonautas en su expedición a la Cólquide, durante la cual distrajo a los remeros con su música, acalló el furor de las olas y superó incluso en seducción a las Sirenas, con lo cual impidió que los marineros se dejaran embrujar por éstas. El joven príncipe, a quien llamaban hijo de Apolo, hizo una estancia en Egipto donde los sacerdotes de Menfis lo iniciaron en sus misterios (este episodio viene a explicar la introducción del culto al Padre-Sol universal en el ámbito egeo hacia el si-glo IV a.C., el cual se injertó sobre los cultos locales). Regresó a Tracia con el nombre de Orfeo o Arpha, «del fenicio aur, luz, y rophæ, curación: el que sana por la luz», y se instaló entre los salvajes Cícones. Allí casó con la bella ninfa Eurídice, a veces llamada Agríope. Cierto día su mujer, huyendo de Aristeo que pretendía violarla, pisó una serpiente y murió de la mordedura en el pie: en las leyendas es frecuente la asociación víbora (símbolo fálico) – pie (atracción sexual) – mordedura (agresión brutal del instinto) – muerte (liberación, o tal vez orgasmo). El inconsolable Orfeo descendió al Tártaro, y con su triste música encantó al barquero Caronte, al perro Cerbero «de broncíneo ladrido», a los tres jueces de los difuntos y al mismo amo del Hades. El rey de los infiernos le permitió llevarse a Eurídice, con la condición de que no se volviese a mirarla mientras no hubiesen regresado a los dominios del Sol. Pero él, tan pronto como divisó la primera claridad se volvió para asegurarse de si le seguía, y así la perdió para siempre.

Orfeo no se consoló jamás de su pérdida, no volvió a interesarse por ninguna otra mujer, y se dedicó a la enseñanza de sus misterios y del culto de Apolo, en detrimento de la religión de Dioniso, que estaba invadiendo Grecia, y cuyos sacrificios humanos y desórdenes de las ménades aquél censuraba.

Por eso el ofendido Dioniso lo entregó a las ménades, quienes invadieron el templo de Apolo, mataron a todos los fieles, decapitaron a Orfeo, lo descuartizaron y arrojaron al Hebros la cabeza, que seguía llamando a Eurídice con acentos lúgubres y plañideros. El río se llevó sus miembros hasta las costas de Lesbos, donde las desconsoladas Musas los recogieron y los enterraron al pie del Olimpo, lugar donde todavía hoy el canto de los ruiseñores es más dulce que en ningún otro. Las aguas también llevaron a Lesbos su lira, que fue conducida al templo de Apolo, y éste la transportó al cielo, donde puede verse en forma de constelación de la Lira. En cuanto a la cabeza, la transportaron a una gruta de Antisa donde había un templo de Dioniso; allí hablaba emitiendo oráculos noche y día, hasta que Apolo se impacientó y le mandó callar. En cuanto al ánima de Orfeo, cuentan que después de su muerte se encaminó a las islas del Elíseo. Símbolo de la belleza, de la seducción, el personaje de Orfeo puede ser totalmente legendario, o bien recordar la existencia de un sacerdote de Apolo que hubiese vivido 13 siglos a.C., es decir contemporáneo de Moisés. La aventura de Orfeo y Eurídice ha inspirado a numerosos artistas, entre los cuales Poussin, *Euridyce piquée par le serpent*; Corot, *Orphée*, pintado con la lira en la mano y recorriendo con su esposa un paisaje irreal y vaporoso; Erasme Quellyn, *Euridice expirant dans les bras d'Orphée*; P. Potter, *Orphée charmant les animaux par les accents de sa lyre*; así como Rubens, Breughel hijo y el Tintoretto, que pintó a Orfeo en los infiernos. En algunos monumentos paleocristianos se hallan efigies de Orfeo. El asunto fue musicado por Glück en su ópera *Orphée*, que significó una revolución del género en su tiempo cuando se estrenó en Viena (1764) y París (1774), tanto es así que siguió representándose con éxito hasta 1830; es de recordar también la ópera bufa de Jacques Offenbach *Orphée aux enfers* representada en Les Bouffes Parisiennes, 1858 y 1874.

ORESTES, el montañés, hijo de Agamenón y de Clitemnestra, hermano de Electra y de Ifigenia. Cuando su padre, al regreso de Troya, fue asesinado por Egisto y Clitemnestra, huyó y fue acogido por Sófocles el rey de Fanotea de Fócide, donde aquél trabó amistad con Pílades el hijo de Estrofio. Alcanzada la edad viril, regresó con Pílades a Micenas y sorprendió a los asesinos de Agamenón con ayuda de Electra. Pero como no dejaba de ser un matricida, fue perseguido por las Erinias hasta Atenas y seis días después, convocado a Esparta por los jefes de Micenas, compareció ante el Areó pago y fue absuelto, según la versión de Esquilo. En la de Eurípides, la sentencia consistió en mandarlo a Táuride para robar la estatua de Ártemis que guardaba Ifigenia, sacerdotisa del templo. En lo que fue sorprendido con Pílades y cuando iban a inmolarlos según la costumbre, Ifigenia reconoció a su hermano y huyó con ambos a Grecia llevándose la estatua, que sirvió para instituir el culto de Ártemis Tauropolos. Hubo entonces una querella entre adoradores rivales de la diosa, muchos de los cuales murieron en el templo. Orestes recuperó el trono de Micenas, en el Peloponeso, usurpado por Eetes hijo de Egisto; en Delfos mató a Pirro y recuperó a Hermíone, con quien casó. Convertido en rey de Esparta a la muerte de Menelao, conquistó la Arcadia, se hizo dueño de Argos y cuando tenía setenta años, dejó Micenas para establecerse en la Arcadia, donde murió por la mordedura de una serpiente en Oreston, ciudad que él mismo había fundado durante su exilio. – Sus aventuras han inspirado a muchos artistas y dramaturgos: Esquilo, Sófocles, Eurípides, Racine, Voltaire, Goethe, etc.

ORIÓN, el que vive en la montaña, o el pocero, hijo de Poseidón y de Euríale, apuesto cazador que se enamoró de Mérope la hija de Enopión, en la isla de Quíos. Se le prometió la mano de la bella si lograba librar la isla de las fieras que la infestaban. Pero cuando hubo concluido la tarea, el padre le negó la prometida y él, descorazonado, se bebió un odre de vino y se durmió embriagado. Durante la noche irrumpió en la habitación de Mérope y la forzó. Al día siguiente Enopión le sacó los ojos y lo arrojó a la playa. Un oráculo le anunció que recobraría la vista si se encaminaba hacia el este hasta los confines del Océano. Lo cual hizo en compañía del joven Celadión; cuando llegó a su destino Eos se enamoró de él y Helios le devolvió la vista. Entonces Orión quiso regresar a Quíos para vengarse de Enopión, pero Apolo, a quien había contrariado su relación con Eos, hizo que saliera a su encuentro un escorpión enorme. Para huir Orión tuvo que arrojarse al mar. Ártemis lo confundió con un tal Candaón y lo hirió de un flechazo; al darse cuenta de su error se arrepintió e imploró a Esculapio que lo resucitase. Pero Orión fue fulminado por un rayo de Zeus antes de que pudiese intervenir el sanador. Ártemis colocó su efigie en el cielo, donde la constelación de Orión sigue perseguida por el Escorpión; la constituyen cuatro estrellas mayores, en el interior de cuyo cuadrilátero se alinean otras tres que forman el cinturón o el tahalí de Orión, o según otros el rastrillo, o los tres Reyes, o los tres Magos, o el cinturón o el bastón de Jacob.

PALAS, la doncella, sobrenombre de Atenea. – Titán alado con cuerpo de macho cabrío, hijo de Crío y de Euribia, desposó con Estigia hija del Océano, y tuvieron cuatro hijos: Cratos «la potencia», Bia «la fuerza», Niké «la venganza» y Zelos «la pasión»; participó en la guerra de los Gigantes y quiso abusar de Atenea, pero la ofendida lo aplastó con una roca y Hércules lo remató.

PAN. El dios de los prados, hijo de Hermes que adoptó la forma de un carnero para seducir a Dríope (la hija de Driops), con barba, tórax velludo, pies cabrunos que le valieron el sobrenombre de Aegipan, rabo y, según algunas representaciones, un enorme falo en erección. Era tan feo que su madre lo abandonó al nacer; su padre lo transportó al Olimpo para que sirviera de diversión a los dioses. Vivía habitualmente en Arcadia con los pastores, guardaba rebaños, criaba abejas y participaba en los juegos y danzas de las ninfas del monte. Despreocupado e indolente, le gustaba hacer la siesta al abrigo de algún bosquecillo y si le molestaban, espantaba a los importunos con gritos terribles. Participó en la guerra contra los gigantes, a los que ahuyentó con una trompeta que había fabricado; luego se unió al cortejo de Dioniso. Pese a su fealdad, Pan se envanecía de haber seducido a todas las ménades de Dioniso cuando estaban embriagadas, episodio que alude a las licencias sexuales propias del culto de la diosa-pino Pitis. Dotado de un apetito sexual insaciable, perseguía a las ninfas, que le rehuían aterrorizadas por su aspecto monstruoso y su brutalidad. Por eso mu chas de sus aventuras tuvieron final desgraciado. Intentó violar a Pitis, quien se metamorfoseó en pino para evitarlo (desde entonces él se cubrió con una especie de quitasol hecho de una rama de pino trenzada); persiguió a Sirinx, quien pidió a su padre el dios-río Ladón que la convirtiera en una caña. Dispuesto a sacar partido de todas las situaciones, Pan cortó la caña e inventó la flauta de Pan, con lo cual se convirtió en dios de la música. Hasta el día que habiendo olvidado una de sus flautas, la recogió Hermes, quien la imitó y se la vendió a Apolo, y así éste se hizo con el título. Esta victoria «conmemora la conquista de Arcadia y Frigia por los helenos, así como la superioridad de los instrumentos de cuerda sobre los de viento, percibida en aquellas regiones». Para seducir a Selene la diosa de la Luna la metamorfoseó en oveja, mientras él se convertía en carnero y así disimulaba su aspecto poco atractivo. Selene consintió en cabalgar sobre sus lomos y luego se dejó seducir, «mito que evoca una orgía de comienzos de mayo, durante la cual la joven reina de mayo cabalgaba a espaldas de su hombre disfrazado antes de celebrar ambos sus bodas en el bosque de primavera. En la época el culto al macho cabrío fue desplazado en Arcadia por el culto al ciervo». Sin embargo gustó a Eco, y tuvieron una hija, Iynx, como también a Eufemia, nodriza de las Musas, con la que engendró a Croto, «el Sagitario del Zodíaco». En razón de su aspecto lúbrico y de su asociación con Dioniso, fue considerado como el símbolo de la potencia sexual exacerbada y de la bestialidad. En realidad Pan «representa el "diablo" o el "disfrazado" de un culto arcádico a la fertilidad; revestido de una piel de cabrón, era el amante a quien las ménades perseguían y se reservaban para sus orgías en el monte, tras lo cual pagaba tales favores con su vida».

PANDORA, la que reparte todos los regalos, primera mujer hecha de barro por Hefesto, era tan bella como malvada y perezosa. Algunos dicen que había recibido todos los dones de los dioses, y de Hermes el de la palabra, pero sólo para mentir. Desposó con Epimeteo, a quien su hermano Prometeo había dado una caja bajo condición de que no la abriese por nada del mundo. Pero cierto día la curiosidad hizo que Pandora abriese la caja y todos los males se abatieron sobre la humanidad: la vejez, la enfermedad, la locura, la pasión, los vicios, el trabajo. Menos mal que la caja contenía también la esperanza, virtud consoladora, que aconsejó a sus hermanas no destruir la humanidad. – Origen de todos los males de la humanidad, como Eva, Pandora simboliza los peligros de la belleza, «el don divino de la belleza femenina contiene la simiente de todas las desgracias y todos los placeres de la existencia; pero también habla de una virtud consoladora, la esperanza». Todavía hoy decimos que «se abrió la caja de Pandora» cuando alguien emprende una iniciativa cuyas consecuencias no ha medido plenamente.

PARIS, el de las alforjas, hijo de Príamo rey de Troya
y de Hécuba, también llamado Alejandro, cuando nació
fue expuesto en el monte Ida porque su madre soñó
que la criatura que llevaba en su seno provocaría la
ruina de Troya. Lo crió primero una osa, y luego fue
recogido y alimentado por el pastor Agelao. Creció
y se hizo famoso por su belleza, desposó con la ninfa
Enone y luego, con ocasión de unos juegos fúnebres, se
hizo reconocer por su hermano Deífobo y su hermana
Casandra, la profetisa. Su padre que lo creía muerto
le recibió con júbilo. Cuando se celebraron las bodas
de Peleo y Tetis fueron invitados todos los dioses
menos Eris, la diosa de la discordia; ofendida por el
desaire ella arrojó entre los invitados una manzana
de oro con la leyenda «a la más bella». Esta manzana se la disputaron Atenea, Afrodita y Hera; para
zanjar la discusión Zeus las llevó al monte Ida
y recabó el juicio de Paris. La diosa Atenea le
prometió al pastor la gloria más grande; Hera, la
soberanía de Asia; y Afrodita, el amor de la más
bella de las mujeres, con lo cual se adjudicó el premio. De ahí la
inquina de las otras dos diosas contra Troya y sus habitantes. Poco
después Paris se encaminó a Esparta para reclamar la herencia de
Hesíone, la raptada por Hércules. El rey Menelao estaba ausente,
lo cual aprovechó Paris para seducir a su esposa y llevarse el tesoro. Y esa acción desencadenó la guerra de Troya. Durante el sitio
Paris se comportó con valentía: hirió a Diomedes, Antíloco y Palamedes, y él fue quien mató a Aquiles acertándole con una flecha
en el talón, pero fue a su vez herido por una flecha envenenada de
Filoctetes y murió en Troya tras haberse negado a cuidarle Enone,
su ofendida esposa. – El juicio de Paris es un asunto tratado con
frecuencia por los artistas: Rubens, Rafael, Giulio Romano, Luca
Giordano, Jordaens, etc.

PARNASO, macizo montañoso de la Fócide cercano a Delfos, donde manaba la fuente Castalia entre las dos cimas principales, Nisa y Cirra. Al pie de estos montes se abría el valle del Plisto, cruzado por la Vía Sacra donde Edipo tuvo el fatídico encuentro con su padre Layo. El Parnaso era la morada de las Musas, de Apolo y de Dioniso, y lugar donde encontraban su inspiración los poetas. – Por extensión, el conjunto de los poetas de un país, como cuando Cervantes pasó revista a los que él conocía en su *Viaje del Parnaso* (1614); en esta y otras obras se describe el viaje como una ascensión a la montaña, gradus ad Parnassum, simbolizando la dificultad del acceso a la gloria de las artes.

PEGASO, de *pegai*, manantiales, caballo alado que nació del cuerpo de la Medusa al decapitarla Perseo, quien lo empleó como cabalgadura en varias de sus expediciones. Atenea se lo cedió luego con arreos y todo a Belerofonte; de este modo pudo vencer a la Quimera, a las amazonas y a los piratas capitaneados por Cimarroo. El héroe apedreaba a sus enemigos mientras volaba sobre sus cabezas; pero cierto día picó demasiado alto y fue derribado por Zeus. Pegaso llegó solo al Olimpo y desde entonces quedó reservado a los dioses. Otra leyenda cuenta que dio un golpe con el casco en el suelo e hizo brotar el manantial de Hipocrene, en el Helicón, y que Zeus lo envió al cielo; la figura de la constelación de Pegaso en el hemisferio boreal representa la liberación de Andrómeda por Perseo. – Según P. Diel, Pegaso es «el símbolo de la imaginación sublimada... objetivada, por la cual el hombre se eleva a las regiones de lo sublime... que Atenea se lo enviase a Belerofonte indica que el hombre no puede superar la exaltación imaginativa sino con la ayuda de las cualidades espirituales y sublimes, que son las que le elevan por encima del riesgo de perversión».

PELEO, el fangoso, rey de Yolco, hijo de Éaco rey de Egina y de la ninfa En deis hija de Quirón, fue expulsado de Egina por matar a su hermano Foco, en lo que le ayudó su hermanastro Telamón. Éste se refugió en la isla de Salamina, mientras Peleo emprendía el camino de la Ftía, donde reinaba Áctor y fue purificado de su crimen por el príncipe Euritión. Después el rey le concedió la mano de su hija Polimela, o Antígona (que no debe confundirse con la hija de Edipo y Yocasta). Pero la felicidad duró poco, pues durante la cacería del jabalí de Calidón mató por accidente al suegro y otra vez fue desterrado. En esta ocasión fue a Yolco, donde reinaba Acasto, cuya esposa Astidamía (o Creteis) se enamoró de él. Ante su indiferencia, la reina hizo creer a Antígona que su marido la engañaba, y la desesperada esposa se ahorcó. En vista de la persistente frialdad de Peleo, lo acusó ante su marido de haber intentado violarla. Pero Acasto no quiso matarlo, sino que lo desafió a una cacería en el monte Pelión. Sabía el rey que su adversario tenía una espada mágica hecha por Dédalo, que le aseguraba la victoria tanto en la caza como en la guerra. Por ello reunió Acasto gran número de animales salvajes, ciervos, osos, jabalíes, y preparó un festín. Cuando Peleo se durmió, le quitó la espada mágica, la escondió en un montón de estiércol y huyó. Al despertar Peleo, se vio rodeado de fieras que lo habrían devorado si no se hubiese interpuesto Quirón, a quien aquéllas obedecían; y aun hizo más Quirón, porque encontró la espada y se la devolvió. Estaba en los designios de Zeus que Peleo se casara con Tetis, pero Quirón previendo que tal unión con un mortal no sería del agrado de la nereida, aconsejó al joven que procurase sorprenderla en uno de sus escondrijos habituales, que era una gruta. Cuando la halló dormida, Peleo se abalanzó sobre ella y quiso poseerla; para evitarlo Tetis se metamorfoseó sucesivamente en fuego, agua, león, serpiente y en un pegajoso cefalópodo (de cuya aventura tomó su nombre el cabo Sepia); pero él, advertido por Quirón, no soltó la presa y finalmente se unieron en un apasionado abrazo. Las bodas se celebraron en presencia de los olímpicos, que hicieron fastuosos regalos: una armadura de oro, una lanza con asta de madera de fresno, y dos caballos inmortales, Balio y Janto, hijos del viento del Oeste y de la harpía Podarge. Fue durante el banquete cuando Eris la Discordia lanzó la manzana de oro que debía servir luego para el juicio de Paris. Peleo regresó a Yolco donde, con la ayuda de un ejército de hormigas convertidas por Zeus en formidables guerreros, llamados los mirmidones, tomó la ciudad, mató a Acasto y Creteis, y se proclamó rey. De la unión de Peleo y Tetis nació un hijo, Aquiles, a quien ella hizo inmortal bañando sus partes mortales en ambrosía antes de templarlas al fuego; pero entonces intervino el espantado Peleo, quien le quitó el niño, y el talón de Aquiles quedó sin recibir el tratamiento. Tetis, enfurecida, lo dejó para reunirse con sus hermanas las nereidas, y Peleo quedó abandonado a una vida solitaria y mísera. Porque, tras ser destronado por los hijos de Acasto, regresó a la gruta donde había seducido a Tetis con la vana esperanza de encontrarla. Hasta que cansado de esperar, se embarcó rumbo al país de los molosos, pero el viento empujó su nave hacia la isla de Icos, cerca de Eubea, donde murió, puesto que había perdido la inmortalidad que le prometiera Tetis. – Aparece citado en la *Andrómaca* de Eurípides.

PENÉLOPE, la que se cubre el rostro con una red, hija de Icario y de la náyade Peribea, esposa de Ulises rey de Ítaca, madre de Telémaco, y el ejemplo más citado de fidelidad conyugal y virtud. Se cuenta que cuando nació le pusieron el nombre de Arnacia, pero fue arrojada al mar por orden de su padre y salvada por una bandada de patos que la sacaron a la orilla y la alimentaron; fue entonces cuando se llamó Penélope, que significa pato. Tuvo muchos pretendientes y fue adjudicada como premio de una carrera entre éstos. Quedó ganador Ulises, a quien ella aguardó luego con paciencia los diez años que duró la guerra de Troya más otros diez que tardó en regresar a la isla. Mientras tanto, numerosos príncipes insistían en que contrajera segundas nupcias, asegurándole que Ulises había muerto. Ella se excusaba diciendo que no podía casarse sin haber terminado antes el sudario del anciano Laertes, padre de Ulises, pero de noche destejía todo lo que había tejido durante la jornada. La estratagema fue denunciada por una criada, y estaba a punto de ceder cuando se presentó Ulises en Ítaca y se encontró con los 52 pretendientes más dos cocineros, el copero, el aedo y multitud de criados más, que se habían establecido en su casa y se le comían la hacienda. – Como casi todos los mitos, éste tiene otra versión según la cual Penélope fue infiel a su esposo y tuvo relaciones con Anfínomo, de las que nació Pan, el dios cabruno. Avergonzado, Ulises huyó a Etolia después de devolverle a Icario su hija. Y que luego desposó en segundas nupcias con la hija del rey Toas, cuya princesa etolia le dio otro hijo, Leontófono.

PERSÉFONE, o Coré, la que provoca la destrucción, hija de Zeus y de Deméter, se hizo reina de los infiernos al desposar con su tío Hades que la había raptado y transportado a sus dominios. Su madre la buscó durante nueve días y nueve noches, y cuando Helios le reveló el nombre del raptor provocó una gran carestía en el mundo. Entonces Zeus le confió a Hermes la misión de rescatar a Perséfone y devolverla a su madre; pero esto sólo habría sido posible si ella no hubiese probado aún la comida de los difuntos. Hades se apresuró a darle unos granos de granada a su mujer, para retenerla a su lado. Sin embargo, tuvo que admitir una solución de compromiso, que simboliza el ciclo de las estaciones: Perséfone pasaría seis meses en los infiernos y el resto en la tierra con Deméter. En efecto estaba asociada al culto y a los misterios de Deméter. – Entre los latinos se llamó Proserpina.

PERSEO. El destructor, hijo de Zeus y de Dánae la única hija de Acrisio. Éste se enteró por un oráculo de que moriría a manos de su nieto, por lo cual encerró a madre e hijo en un cofre que hizo arrojar al mar. Fueron recogidos por el pastor Dictis, quien los llevó al palacio de Polidecto rey de Sérifos. Años después el rey quiso desposar

con Dánae y como le molestara la presencia de aquel hijo ya adulto, imaginó un pretexto para alejarlo y lo envió en busca de la cabeza de la gorgona Medusa. Perseo cumplió esta misión con ayuda de Hermes, Hades y Atenea, que detestaba a aquel ser monstruoso. La diosa lo llevó a Samos, donde se hallaban unas estatuas de las tres Gorgonas Esteno, Euríale y Medusa, para que supiera distinguir a ésta de sus hermanas, y le advirtió que no debía mirarla de frente si no quería resultar petrificado; a tal efecto le dio un escudo pulido como un espejo. Hermes le regaló una podadera de acero y lo envió en busca de las sandalias aladas, del casco que confería la invisibilidad y de las alforjas mágicas destinadas a recibir la cabeza; todo lo cual guardaban las ninfas del Éstige en lugar sólo conocido por las Greas. Gracias a las indicaciones de éstas, Perseo se hizo con los objetos mágicos, y fue al encuentro de las Gorgonas, a las que encontró durmiendo y rodeadas de fieras y de humanos petrificados por la Medusa. De un solo golpe de su podadera le cortó la cabeza; al instante nacieron del cuerpo el caballo alado Pegaso y Crisaor el guerrero del alfanje de oro, ambos engendrados por Poseidón. Guardó la cabeza en las alforjas y echó a volar cabalgando a Pegaso. Tras hacer alto en el palacio del titán Atlas, que le había negado la hospitalidad anteriormente, le enseñó la cabeza fatídica y lo convirtió en montaña. Luego cruzó el desierto de Libia y cuando sobrevolaba las costas de Filistia vio una mujer desnuda encadenada a una roca, y le gustó. Era Andrómeda, hija del rey etíope Cefeo y de Casiopea. Ésta se había envanecido de que su belleza y la de su hija eran superiores a la de las Nereidas, por lo que Poseidón envió un diluvio y un monstruo marino que hicieron estragos en el país; para remediarlo, el oráculo aconsejó sacrificar la hija del rey al monstruo marino. Perseo se sumergió en el mar, cortó la cabeza del monstruo con su podadera y desposó con Andrómeda. Pero luego le fue preciso luchar con los guerreros de Agenor, hermano gemelo del rey Belo y pretendiente a la mano de la princesa. El combate fue tremendo y Perseo estuvo a punto de sucumbir (los enemigos eran doscientos), pero les enseñó la cabeza de la Medusa y quedaron yertos. De regreso en Sérifos, supo que Polidecto acosaba a Dánae, fue a palacio y lo convirtió en piedra; luego entregó la cabeza de la Medusa a Atenea, quien adornó con ella su égida, y devolvió las sandalias, el casco y las alforjas a Hermes para que retornasen a la guarda de las ninfas del Éstige. Tras entronizar al pescador Dictis en Sérifos, Perseo embarcó rumbo a Argos. A su llegada, el abuelo Acrisio huyó a Larisa, donde participó en el pentatlón de los juegos funerarios en memoria del padre del rey Teutámides; al lanzar el disco, un golpe de viento lo desvió con tan mala fortuna que le golpeó en el pie y lo mató. Perseo se dirigió a Tirinto, donde gobernó con sabiduría, y fundó la ciudad de Micenas, cuyo nombre deriva de un hongo (mycos) nacido expresamente para aplacar la sed del héroe.

PIGMALIÓN, el del puño tembloroso, rey escultor de la isla de Chipre, indignado por el comportamiento de las mujeres de Amatonte, que se dedicaban a la prostitución en el templo de Afrodita, hizo voto de celibato. Para vengar tal ofensa a la feminidad, Afrodita le inspiró una obra admirable, la estatua de marfil que representaba una seductora doncella de gran belleza, Galatea, de la que se enamoró locamente. Entonces la diosa le infundió vida con su soplo y engendraron a Pafos, fundador de la ciudad del mismo nombre, consagrada a los amores. – Evidentemente esta leyenda tenía que inspirar a los artistas: *Pygmalion* musicada por Rameau y representada en 1748; en el Louvre puede verse el cuadro de Jean Roux *Pygmalion amoureux de sa statue*, que representa el momento en que Afrodita infunde vida a Galatea; la sátira teatral de George B. Shaw (1914) no es más que una entre la infinidad de versiones que alcanzan hasta el cinematográfico profesor Doolittle de *My fair lady* (de G. Cukor, 1964).

PITIA, de *Pythios*, sobrenombre de Apolo, adivina elegida, en principio, entre las doncellas más hermosas y castas; a consecuencia de un rapto, sin embargo, se pasó a preferir mujeres de edad madura, que se relevaban para pronunciar los oráculos del templo de Apolo en Delfos. Se dice que este santuario estaba construido sobre una fractura natural del suelo, de donde manaban unos vapores fríos que causaban una especie de delirio pasajero. Para consultar el oráculo se ofrecía un sacrificio, con objeto de conciliarse la benevolencia de los dioses. Luego la sacerdotisa procedía a sus abluciones y purificaciones, bebía agua de la fuente Kassotis y mascaba hojas de laurel, después de lo cual pasaba a ocupar un asiento colocado sobre el trípode a su vez emplazado sobre la grieta en cuestión. Así entraba en una especie de trance histérico, y sus manifestaciones más o menos incoherentes eran interpretadas por los sacerdotes o profetas que la ayudaban; hasta la época romana estos oráculos se entregaban redactados en verso. – Juegos Pitios eran los celebrados en honor de Apolo y Ártemis cada cuatro años, en Delfos y otras ciudades.

PLÉYADES, la bandada de palomas, las siete hijas de Atlas y de Pléyone, hermana de las Híades, se llamaron Alcíone, Celeno, Astérope, Electra, Maya, Mérope y Táigete, y fueron amadas por héroes y dioses (Poseidón, Ares, Zeus). A la muerte de su padre fue tan grande su aflicción que se mataron, metamorfoseándose en estrellas, y se encuentran en el signo zodiacal de Tauro. – Según los autores antiguos, las Pléyades eran seis estrellas principales y una más pequeña, Pléyone. La desaparición de Electra, que debió ocurrir hacia el final del milenio II a.C.,  representa la destrucción de la casa de Dárdano; «la vana persecución de las Pléyades por Orión, que se sitúa en la constelación de Tauro, remite a su presencia por encima del horizonte justo antes de la reaparición de Orión». Más adelante la astronomía descubrió un gran número de astros en la constelación de las Pléyades. – Estas estrellas fueron muy importantes para todos los pueblos de la Antigüedad por su relación con el calendario agrícola, como explica Hesíodo en Los trabajos y los días. La primera ocultación de las Pléyades antes de salir el Sol se produce entre el 5 y el 11 de noviembre; la primera aparición en el horizonte este antes de la salida del Sol ocurre entre el 5 y el 10 de mayo. Dichos sucesos marcaban la estación de las lluvias y el comienzo de diversas faenas del campo. No obstante, la etimología del nombre en griego (plei, «navegar») señala que la aparición indicaba el comienzo del buen tiempo, propicio a los viajes por mar; la interpretación de Píndaro, «bandada de palomas», tal vez se refiere a otra forma primitiva del nombre, en paralelo con las Híades, «tropel de lechones». – Tomaron el nombre de La Pléyade un grupo de poetas de la Antigüedad llevados a Egipto por Ptolomeo II Filadelfo, entre los cuales se hallaban Apolonio de Rodas, Homero de Bizancio, Alejandro de Etolia, Filiscos de Córcira, Sosífranes de Siracusa, Eántides de Tarso y Licofrón de Calcis, y otro grupo de siete poetas franceses del siglo XVI que, reaccionando contra la poesía medieval, introdujeron formas inspiradas en los antiguos: Ronsard, Du Bellay, Antoine de Baif, Jodelle, Pontus de Tyard, Dorat y Rémy Belleau.

POLIDORO, hijo de Príamo y de Hécuba, lo mató de un lanzazo Aquiles durante la guerra de Troya. – Hijo de Laótoe, lo hizo prisionero Áyax el mayor durante la guerra de Troya.

POLIFEMO, uno de los argonautas. – Cíclope hijo de Poseidón y de la ninfa Toosa; es el más célebre de los cíclopes, aunque no corresponde a la antigua generación que disputó a los dioses el dominio de los cielos, ni a la de los constructores de los palacios micénicos, sino que sería de una tribu siciliana de pastores antropófagos. Vivía en una caverna cerca del Etna y poseía un rebaño de ovejas gigantes; se enamoró de la nereida Galatea, pero ésta prefirió al pastor Acis, asunto tratado por Teócrito, Ovidio y Luis Carrillo de Sotomayor (en la Fábula de Acis y Galatea que inspiró a Góngora la Fábula de Polifemo y Galatea). Cuando pasó Ulises por su isla, Polifemo se comió a varios de sus compañeros y encerró a los demás en su guarida; Ulises lo emborrachó, lo cegó clavándole un tizón en su único ojo y luego él y sus hombres lograron escapar agarrados a las lanas de las ovejas. Este episodio de la Odisea fue convertido en una pieza satírica por Eurípides, la única de tal género que se le conoce.

POLINICES, el que conoce muchas disensiones, hijo de Edipo y de Yocasta, ocupó el poder con su hermano Eteocles tras la fuga de su padre (que los maldijo). Convinieron en que cada uno de ellos reinaría un año, pero transcurrido el primer período Eteocles no quiso ceder el lugar a Polinices, y éste puso sitio a Tebas con la ayuda de su cuñado Adrasto, que fue la famosa expedición de los Siete contra Tebas. La guerra se eternizaba y los dos hermanos se desafiaron a singular combate; cayeron ambos y el trono quedó para Creonte, hermano de Yocasta.

PÓLUX, abundancia de vino dulce, hijo de Tíndaro, o de Zeus, y de Leda, hermano gemelo de Cástor; los Dioscuros corrieron todas sus aventuras juntos.

POSEIDÓN. El que abreva en el monte, antigua divinidad pelasga, anterior a Zeus, llamado también Enosichton, «el que hace retemblar la tierra», en su origen fue una personificación de la humedad del suelo, y esposo de la Madre Tierra o Gea.

Por su asociación con el agua se le consideró una divinidad agraria responsable de la fertilidad de los campos. Hijo de Cronos y Rea, cuando nació fue devorado por su padre como los demás hermanos, y gracias a Zeus recobró la vida. Otra leyenda dice que Rea cambió a Poseidón por un pollino, que Cronos se comió sin advertir la sustitución, mientras aquél era confiado a los cuidados de los Telquinos y de las oceánidas.

En tanto que hermano del omnipotente Zeus, pasó a figurar entre los dioses principales y al hacerse el reparto del universo, le correspondió ser soberano de la mar, dios de la navegación y de las tempestades a quien invocaban los marinos deseosos de asegurarse una buena singladura. Sus atributos eran el tridente, el delfín, el caballo y el toro.

Poseidón luchó al lado de Zeus contra los Titanes y los Gigantes; mató a Polibotes aplastándolo con un peñasco que arrancó de la isla de Cos, y que luego fue la isla de Nísiros. Cuando Zeus sustituyó a su padre en la primacía de los dioses, le concedió a Poseidón el dominio de los mares, los lagos y los ríos. Él estableció su palacio en un fondo marino del Egeo, frente a la Beocia. Los cambios de humor de este dios cascarrabias y gruñón provocaban inundaciones y tempestades, cuya figuración son los terroríficos monstruos marinos.

Ávido de poder, para reivindicar la posesión del Ática clavó su tridente en la Acrópolis de Atenas, donde todavía hoy se encuentra un pozo de agua salada. Cuando Atenea se instaló cerca de este lugar quiso impedirlo, y habrían luchado de no haberlo evitado Zeus. El enfurecido Poseidón envió unas olas gigantescas que inundaron la ciudad de Atenea, y no las retiró hasta que las mujeres atenienses renunciaron al derecho de voto y los hombres dejaron de usar el apellido de sus madres, según se acostumbraba antes: este mito explica una tentativa de sustituir el culto de Atenea por el de Poseidón y las concesiones que hubo de otorgar el matriarcado.

El colérico rey de los mares intentó luego arrebatarle a Atenea la ciudad de Trecén, pero Zeus ordenó que se la repartieran. A continuación le disputó a Zeus la de Egina, la de Naxos a Dioniso, la de Corinto a Helios, y la Argólida a Hera, todo en vano. Como Zeus le prohibió que utilizase sus armas habituales, las inundaciones, se vengó promulgando una tremenda sequía. No obstante, se le debió la construcción de las murallas de Troya (con la colaboración de Apolo), la de las puertas del Tártaro y la excavación del lecho fluvial del Peneo.

Tuvo por esposa legítima a Anfítrite, «la mar», hija de Nereo y de Doris, a la que vio jugando en la playa e hizo que la raptase un delfín. Tuvieron un hijo, Tritón, y dos hijas, una de ellas Rodo la que dio nombre a la isla de Rodas. Pero un dios tan poderoso no se conformaba con una sola esposa; de manera que se le atribuyeron innumerables aventuras con ninfas y diosas, cuyo desenlace no siempre fue envidiable. De su aventura con Gea, la Tierra, nació el monstruoso gigante Anteo, que vivía en el desierto de Libia y se alimentaba de leones y de viajeros, hasta que lo ahogó Hércules.

Deméter se metamorfoseó en yegua para rehuirle, pero entonces él se convirtió en garañón y la poseyó. De esta unión nació el caballo salvaje Arión, que tenía un pie humano y el don de la palabra. Después de su intervención a favor de Afrodita cuando ésta fue sorprendida en la cama con Ares, la deseó y tuvieron dos hijos, Rodo y Herófilo.

Sedujo a la Medusa cuando ésta era bella y deseable, en el templo de Atenea, lo cual ofendió a la diosa, que le arrebató a aquélla su belleza y convirtió su cabellera en un amasijo de espantosas serpientes. En su propio templo sedujo a Etra hija de Piteo rey de Trecén; ciertas tradiciones aseguran que Teseo fue hijo suyo.

Engendró con Quíone a Eumolpo, pero ella lo arrojó al mar; su padre lo rescató y lo llevó a Etiopía. Raptó a Teófane la hija de Bisaltes, de famosa belleza, y la transportó a Crinisa para burlar a los muchos pretendientes de aquélla; como siguieron persiguiéndola, metamorfoseó en oveja a su amada, hizo lo mismo con todos los habitantes de la isla y él se convirtió en morueco; de esa unión nació el famoso carnero del vellocino de oro. Los romanos lo identificaron con su dios Neptuno (de *nare*, «nadar»).

PROMETEO. El hábil y

previsor, uno de los siete hijos del titán Japeto y de la oceánida Clímene, combatidos por Zeus que ambicionaba la supremacía en el Olimpo, y severamente castigados después de su derrota: como Menecio, fulminado por Zeus y consignado al Tártaro, o Atlas, condenado a sustentar el mundo sobre sus hombros eternamente. Más astutos, Epimeteo y Prometeo se unieron al vencedor y desempeñaron un papel importante en el origen de la humanidad. Admitidos entre los inmortales, Prometeo llegó a ser favorito de Atenea, quien le enseñó muchas artes útiles: la arquitectura, la astronomía, el cálculo, la medicina, la navegación, la metalurgia. Pero él no olvidaba el exterminio de su estirpe por el amo de los dioses y buscaba un azar favorable o una astucia que le permitiera vengarse. Con agua y arcilla (o con las lágrimas derramadas cuando lloró a sus hermanos) modeló en barro el primer hombre, y Atenea le insufló vida. Esta creación aconteció después del diluvio y la destrucción casi total de la humanidad. Cierto día Prometeo fue llamado a arbitrar un conflicto sobre el reparto de un toro ofrecido por los hombres en sacrificio. El hábil Prometeo despiezó el animal e hizo una parte con las carnes, la médula y las vísceras, todo ello envuelto en la piel, y otra con los huesos envueltos en grasa; luego propuso a Zeus que eligiera su parte y dejara la otra a los hombres. Engañado por la blancura de la grasa, el soberano de los dioses eligió el montón de huesos y sebo; cuando se dio cuenta de la burla, decidió privar a la humanidad del fuego y exclamó: «Que se queden con la carne, ¡y que se la coman cruda!». Sin embargo, Prometeo deseaba asegurar un medio de defensa a los seres creados por él así como a sus descendientes. Tras entrar secretamente en el Olimpo con la complicidad de Atenea, encendió una antorcha en el fuego del carro solar, separó de ella una brasa, que ocultó en un tallo de hinojo silvestre, y bajó a los hombres el fuego divino. El rey del Olimpo no podía dejar sin castigo semejante desafío; Zeus ordenó a Hefesto que fabricara una mujer de arcilla, los cuatro vientos le insuflaron vida y todas las diosas le prestaron sus gracias. Era Pandora, la criatura más bella jamás creada, y se la enviaron a Epimeteo. Éste, puesto sobre aviso por Prometeo, rehusó el obsequio en términos educados. El rencor de Zeus se volvió entonces contra el mismo Prometeo, a quien hizo encadenar desnudo sobre un peñasco del Cáucaso, donde todos los días enviaba un ave de presa que le devoraba el hígado. El padre de todos los hombres padeció largo tiempo ese terrible suplicio, hasta que fue liberado por Hércules, aunque se le obligó a llevar en el dedo un anillo de hierro con una piedra del Cáucaso engastada, para dar satisfacción al amor propio de Zeus.

PROSERPINA, divinidad romana de la agricultura, fue asimilada a Perséfone (Ceres para los romanos) y se convirtió en reina de los infiernos. También la confundieron con Libera. Se celebraba a estas tres deidades en primavera, entre el 12 y el 19 de abril, con las fiestas cerealias. – *El rapto de Proserpina* fue pintado por Tiziano, Brueghel, Rubens, etc., e inspiró a muchos dramaturgos.

PSIQUE, o Psiquis, personaje alegórico que personifica el alma, se presenta como una princesa cuya belleza provocó la envidia de Afrodita. Haciendo caso de la predicción de un oráculo, la expusieron sobre una peña para que la devorase un monstruo. Eros se enamoró de ella y la transportó a un palacio mágico donde la visitaba todas las noches, pero imponiéndole el anonimato: ella no estaba autorizada a verle la cara. Inducida por sus hermanas, una noche Psiquis contempló maravillada el rostro de su amante dormido a la luz de una lámpara, pero se le cayó un poco de aceite caliente y él despertó. Eros huyó, el palacio se desvaneció y Psiquis suplicó la ayuda de Afrodita.

Ésta la tomó a su servicio pero le imponía tareas humillantes; sin embargo se desempeñó en todas gracias a la ayuda oculta de Eros: unas hormigas la ayudaron a separar las semillas de distintas clases; un águila, a sacar agua del Éstige, etc. Hasta que intervino Zeus y pudo reunirse con Eros, y celebraron sus bodas. – Esta leyenda fue cantada por La Fontaine en *Les Amours de Psyché*, escenificada por Corneille y Molière, pintada por Gérard, *L'Amour embrassant Psyché*, y David, *Psyché abandonnée par l'Amour*, y esculpida por Canova en un *Amor y Psiquis* que tiene el Louvre. – P. Diel considera a Psiquis como el símbolo de la seducción bajo su forma perversa, la de la pérdida de aspiraciones y la ceguera pasional. La desaparición del palacio y la huida de Eros representan entonces la liberación de las cadenas del placer físico. Los trabajos penosos figuran «las dificultades que es menester superar para purificarse de la mancha del libertinaje». Y la reaparición de Eros simboliza «la visión sublimada del amor físico... la visión verdadera del amor».

QUIMERA, cabra, hija de Equidna y de Tifón, cabra con cabeza de león, cuerpo de serpiente y cola de dragón, monstruo que escupía fuego y tenía aterrorizada la Licia, fue muerta por Belerofonte con ayuda de Pegaso, el caballo alado de las Musas del monte Helicón. – Según algunos mitógrafos, era «un símbolo del calendario unido a la división tripartita del año, siendo los símbolos de las estaciones el león, la cabra y la serpiente». Otros han visto en ella la personificación de los volcanes y las erupciones que devastaban la región. El hombre moderno ha convertido a la Quimera en símbolo de las ilusiones, de lo que es irreal e imposible; no obstante la ciencia actual ha llamado también quimeras, por analogía, a los animales transgénicos obtenidos combinando rasgos de distintas especies, como cerdos con órganos humanos para trasplantes, etc.

QUIRÓN, la mano, hijo de Cronos y de Filira, infrecuente ejemplo de centauro benefactor, vivía en una cueva de Tesalia, al pie del Pelión. Medio hombre medio caballo (porque Cronos, para engendrarlo, se había disfrazado de caballo), criado por Ártemis y Apolo, aprendió las artes de la caza y la medicina. Tuvo por discípulos o por amigos a numerosos héroes: los Dioscuros, Peleo (a quien salvó de otros centauros), Anfiarao, Hércules, Aquiles (de quien predijo que tendría una vida gloriosa), Jasón, Néstor, Ulises, Meleagro, Acteón, Diomedes, Esculapio; las bodas de Peleo y Tetis se celebraron en su caverna. Según algunos autores cedió su inmortalidad a Prometeo; hay una tradición que asegura que durante un combate entre Centauros y Lapitas, lo hirió por error Hércules con una flecha envenenada, de lo que murió.

REA, la tierra, hija de Gea y de Urano, diosa madre considerada como la fuente de vida, de la fecundidad, de la prosperidad, y encarnación del principio femenino. Rea desposó con Cronos y la célebre pareja engendró las divinidades griegas principales: Hestia, De méter, Hera, Hades, Poseidón y Zeus. Su esposo, temiendo que acabaría destronado por sus hijos, iba devorándolos a medida que nacían, mito que tiene la explicación siguiente: «En la época a que se refieren estos mitos, los reyes que deseaban mantenerse en el trono solían ofrecer sacrificios de muchachos jóvenes; Porfirio (en *De la abstinencia*, II, 56) cuenta que los Curetes cretenses tenían la costumbre de ofrecer sacrificios de niños a Cronos». En épocas posteriores la víctima humana fue reemplazada por el sacrificio de un cabrito, un toro o un pollino. Cuando nació Zeus, su madre presentó una piedra envuelta en pañales, y el padre se la comió sin fijarse. Más tarde puso en manos de Zeus la hoz que le sirvió para castrar a su padre (y que recuerda la hoz dorada que usaban los druidas para coger el muérdago sagrado); tras expulsarlo, se hizo el amo del Olimpo.

RÓMULO.

Héroe latino que con su hermano gemelo Remo forma la pareja más célebre de la mitología romana. Hijos de Rea Silvia, una virgen sacerdotisa de Vesta, fueron expuestos en las colinas de  los alrededores y amamantados por una loba hasta que los recogieron el pastor Faustulo y su mujer Acca Larentia. De adultos los dos hermanos, algo afines a los ladrones de ganado que menudeaban por la región, robaron un rebaño de su tío Amulio, por lo que Remo fue encarcelado. En el ínterin Rómulo descubrió su auténtico origen y forzó la dimisión de Amulio, quien a su vez había destronado a Númitor el abuelo de aquéllos y rey legítimo de Alba Longa. Hecho esto puso en libertad a su hermano. Los gemelos decidieron establecerse en el lugar donde el río los había arrojado a la orilla, pero disputaron acerca del emplazamiento exacto de la ciudad que iban a construir; Remo saltó la muralla que había erigido su hermano y éste lo mató para castigar semejante menosprecio (lo cual evoca la antigua costumbre de sacrificar a un príncipe de sangre real cuando se fundaba una ciudad).

Construida ésta, Rómulo instituyó un asilo de vagabundos, proscritos y fugitivos de todas clases, pero era necesario poblarla y no tenía más que varones, buenos a lo sumo para servir de soldados. Rómulo organizó unos juegos, convidó a los sabinos y raptó a las mujeres, lo cual provocó una sangrienta guerra. Mientras los sabinos ponían sitio a la nueva ciudad, Tarpeya la hija de Espurio Tarpeyo el encargado de la defensa del Capitolio ofreció entregar la plaza al general enemigo Tacio, del que se había enamorado (o según otra versión, a cambio de «lo que llevaban en el brazo izquierdo» los sabinos, es decir los brazaletes de oro que lucían). Lo cual aceptó Tacio, pero cuando entraron en Roma ordenó a sus soldados que aplastasen a Tarpeya con los escudos que llevaban al brazo izquierdo, para que no pudiera quejarse de que no se había complacido su deseo. Lo cual hicieron sobre la roca Tarpeya, no lejos del mismo Capitolio: de ahí la expresión de que «va poco del Capitolio a la roca Tarpeya», con el significado de que el castigo no tarda en seguir al delito. Pero entonces intervinieron las mujeres y pusieron fin a la guerra; los enemigos de la víspera se alieron y reinaron en Roma conjuntamente Tacio y Rómulo. Caudillo pendenciero y cruel, Rómulo fue unánimemente detestado y temido por sus vecinos, que se sintieron muy aliviados cuando desapareció durante una tormenta (otras versiones dicen que fue asesinado por unos compa ñeros); según algunos, fue transportado al cielo por Marte, el dios de la guerra. El legendario fundador de Roma fue objeto de culto bajo el nombre de Quirino, y se conservó mucho tiempo en Roma una cabaña de cañizo donde, según afirmaban, se habían refugiado los hermanos cuando eran pastores. El asunto de Rómulo y Remo amamantados por la loba se encuentra en medallas, monedas, grabados y monumentos de la antigüedad romana, y fue recogido por Rubens y Giulio Romano, entre otros.

SÁTIROS, hermanos de las ninfas según algunas tradiciones, en principio eran unos genios de las corrientes de agua, que simbolizaban «el vigor expansivo de la naturaleza y de los seres vivos». Sensuales, perezosos, lúbricos, medrosos y maliciosos, hacían mofa de los humanos y participaban activamente en las orgías dionisíacas. Los representaban con cuerpo peludo y rabo, cabeza cornuda, barbas de chivo, largas orejas puntiagudas y patas de chivo en vez de piernas. Acabaron convertidos en unas divinidades de la danza y de la música (de ellos toma nombre el teatro satírico). – Como todos los personajes equívocos que forman el cortejo dionisíaco, los sátiros personifican la brutalidad del instinto y los desbordamientos de la naturaleza, a tal punto que la iconografía cristiana tomó la imagen del sátiro para crear las figuraciones de sus demonios. Simbolizan el animal escondido en el fondo del hombre, que se manifiesta «a través de la concupiscencia carnal, con todas sus violencias, por donde el hombre se asemeja a las bestias cuando no las contrarresta el poder espiritual».

SATURNO, dios agrario, protector de las simientes, se le representaba con la guadaña y la podadera hasta que fue asimilado al Cronos griego y adorado como dios creador; fue esposo de Ops, equivalente romano de Rea. A diferencia de Cronos, su reinado se comparó con la Edad de Oro, en tanto que período de abundancia y de libertad. Se le celebraba a partir del 16 de enero mediante las saturnales, que duraban siete días (se dice que procedentes de los tiempos de Jano el dios de las puertas); durante estas fiestas quedaban suspendidas las actividades y los pleitos, desaparecían las distinciones sociales y los esclavos se hacían servir por sus amos, y tenían derecho a emborracharse. Se purificaban las casas y se celebraban fastuosas fiestas acompañadas de orgías. Los ricos deseosos de parecer espléndidos saldaban las deudas de sus amigos. En cuanto a los que preferían la vida tranquila y libre de alborotos, en esas fechas abandonaban la ciudad para residir en sus casas de campo.

SELENE, la Luna, hija de Tía y de Hiperión, hermana de Helios, personifica la Luna que todas las noches ilumina el cielo con su cabellera plateada. A veces un dragón intentaba devorarla y entonces ella se escondía, lo cual provocaba un eclipse, y las magas que la protegían ponían en fuga al monstruo. Fue deseada por Zeus, que le dio tres hijas: Erse «el rocío», Nemea y Pandia, como también, según algunas tradiciones, el famoso león de Nemea que fue abatido por Hércules. El cabruno dios Pan disimuló sus pelos negros y rudos bajo unas magníficas lanas y se dejó montar por ella para llevarla al bosque, donde la sedujo (leyenda que evoca las orgías celebradas a comienzos de mayo, durante las cuales la Reina de Mayo «montaba a lomos de su hombre disfrazado para celebrar con él sus bodas en el bosque nuevo, en la época en que el culto al ciervo reemplazó en Arcadia al del macho cabrío». Su gran amor, sin embargo, fue el pastor Endimión, «sueño impuesto», hijo de Zeus y de la ninfa Calice. El cual no quería envejecer y suplicó a los dioses que le concedieran la eterna juventud. Zeus accedió a ello pero imponiendo la condición de permanecer sumido en un sueño eterno (esta leyenda recuerda algunas del folklore contemporáneo, como la de Rip van Winkle, el que durmió doscientos años sin envejecer y cuando regresó a su aldea, se encontró con que ni siquiera los más ancianos se acordaban de él, o *Peter Pan*, creación literaria de James M. Barrie en 1904). Cierta noche Sémele lo sorprendió dormido en una gruta del monte Latmos y movida por un impulso irresistible, se acostó a su lado y lo abrazó tiernamente, tras lo cual vuelve todas las noches para acariciarlo (con lo que llegó a dar le cincuenta hijas, según se cuenta). Este mito rememora la invasión de la Élide por un jefe eolio que desposó con la sacerdotisa encarnación de la diosa Luna, superiora de una congregación de cincuenta doncellas consagradas a su culto.

SIBILA. Sacerdotisa de Apolo que tenía don de profecía; es posible que la veneración de las sibilas naciese por reacción contra unos sacerdotes de Apolo cuyo poder había llegado a ser excesivo. Se citan varias sibilas residentes en Delos o en Delfos, aunque la primera de todas seguramente sería Casandra. Se atribuyen los Libros sibilinos a Saba, la sibila de Cumas, en Italia, quien según se cuenta los recibió de los dioses y se los comunicó al rey Tarquino. Éste instituyó unos colegios destinados a su conservación en el Capitolio. Aquélla había recibido de Apolo el privilegio de vivir tantos años como granos de arena le cupieran en el hueco de la mano, y vivió tantos que llegó a perder toda sustancia material, hasta no restar más que el sonido de la voz. El oráculo de Dodona fue instituido por voluntad de Zeus, el cual envió allí una paloma que tenía el don de la palabra, anteriormente ofrecida a la ciudad de Tebas del Epiro. El pájaro anidó en el bosque de Dodona y transmitía las voluntades del dios a los habitantes. La sibila de Dodona interpretaba el sonido de una fuente que manaba en dicho lugar, o el de unos calderos de bronce que entrechocaban alrededor de una estatua del mismo metal que les servía de soporte. Más comúnmente, sin embargo, las profetisas residían en los templos y antes de pronunciar el oráculo tomaban unas hierbas dotadas de propiedades determinadas, o inhalaban vapores de origen volcánico que las ponían en estado de trance. De manera similar, el adivino de Lébade se purificaba, para empezar, en un manantial, y luego se descolgaba por un abismo llevando unas pastas de miel con destino a los demonios que lo habitaban; al cabo de unos minutos salía violentamente despedido al exterior, inconsciente, y cuando volvía en sí describía las visiones proféticas que había tenido, y que aún debían ser interpretadas por unos sacerdotes. Calcante, el adivino que interpretaba el vuelo de los pájaros, cierto día vio una serpiente que devoraba nueve pajarillos y a la madre de éstos antes de convertirse en una piedra, lo cual le sirvió para predecir lo que iba a durar el sitio de Troya: diez años. De sí mismo averiguó que moriría cuando se viese superado por otro adivino, como sucedió cuando Mopso resolvió unos enigmas que él no había logrado explicar. Las sibilas y los adivinos eran consultados a menudo por los reyes y los generales; la mediatización política acabó por hacerles perder el crédito que habían tenido en el mundo helénico. Los Oráculos de la Sibila son un género de literatura apocalíptica de los primeros tiempos del cristianismo, llenos de tremendas maldiciones contra la autoridad romana.

SIRENAS. Las que atan con una cuerda, o las que hacen perecer, hijas del dios-río Aqueloo y de la ninfa Calíope (o de Terpsícore), eran unas temibles divinidades marinas que tenían aspecto de pajarracos con cabeza de mujer. Para explicar esta forma extraña se cuenta que Afrodita (o Ceres) les puso patas y plumas de pájaro, al tiempo que mantuvo las cabezas de doncella, porque ellas se negaron a dar su virginidad a ningún dios ni mortal. No podían volar porque habiendo sido vencidas por las Musas en un concurso de música, éstas se hicieron las coronas con las plumas. Los egipcios conocieron una forma mixta similar, dado que se representaban las ánimas en figura de pájaros con cabeza y pies de humanos. Los pueblos germánicos también tuvieron sirenas engendradas por su dios

malhechor, las Nixen, que cautivaban a los hombres para ahogarlos
y así satisfacer el apetito de su padre. Eran tres, cuatro u ocho según
versiones, y vivían en una o varias islas de mucho verdor situadas
al oeste de Sicilia: Anthemusa y las islas de las Sirenas (según los
sicilianos, cerca del cabo Peloros, el actual Faros; en cambio los latinos las situaban en Capri). Eran de temer especialmente a la hora
de la siesta, en los días de encalmada. Por ser músicas dotadas de
un talento excepcional atraían a los navegantes, que seducidos por
los acentos mágicos de sus voces, sus liras y sus flautas perdían el
sentido de la orientación y se estrellaban en los bajíos, donde eran
devorados por las astutas encantadoras. Se les atribuyeron diversos
nombres: Aglaopé «la de bello rostro», Aglaophonos «la de bella
voz», Leucosia «la blanca», Ligia «la del grito penetrante», Molpé «la
música», Parthenopé «la de cara de doncella», Pisinoé «la que persuade», Raidné «la amiga del progreso», Teles «la perfecta», Telxepia
«la encantadora», Thelxiopé «la que persuade». El oráculo predijo,
no obstante, que desaparecerían cuando un navegante consiguiera
resistirse a sus encantamientos. Cuando pasaron cerca de la isla los
argonautas en busca del vellocino de oro, habrían sucumbido a sus
cantos y bellas promesas (ya que les prometían el don de la clarivi-
dencia, entre otros placeres); pero el músico Orfeo, que viajaba con
aquéllos, se puso a tocar la lira y a cantar, y superó a las sirenas. De

acuerdo con la predicción, éstas perdieron todo poder sobre los hombres y una de ellas, Partenopea, quedó tan humillada que se arrojó al agua y se ahogó; las aguas la llevaron hasta la bahía de la futura Nápoles, donde se erigió un monumento recordatorio. De manera que debieron ser otras las sirenas que escuchó Ulises, tras haberle prevenido Circe del peligro que correría, y después de mandar que su tripulación le atase al palo mayor de su barco (símbolo de la dura realidad) y que todos los marinos se tapasen los oídos con cera. El mito de las sirenas es duradero y ubicuo. En la iconografía antigua aparecen representadas como mujeres con cola de pescado, que llevan instrumentos de música, o como aves con cabeza y pechos de mujer; estas diferencias y las diversas contradicciones sobre si eran tres, u ocho como dice Platón, o más como indican los once nombres conocidos, o sobre si se cumplió o no el oráculo, sugieren que se han refundido distintas tradiciones locales. En los monumentos funerarios son ángeles de la muerte que cantan y tocan la lira, no sin alguna intención erótica en cuanto al héroe difunto. Ésa es la imagen grabada en las estelas, las tumbas y las iglesias romanas, donde personifican las ánimas de los difuntos, y eran invocadas en el instante de la muerte. Citadas también por Aristóteles, Plinio, Apolonio de Rodas, Ovidio, en los bestiarios medievales quedan descritas como «mujeres desde la cabeza hasta las caderas» y «peces de ahí para abajo, con alas y garras», renovadas por el folklore nórdico y bretón, así como por muchas expresiones corrientes: «escuchar el canto de las sirenas» es hacer caso de consejos atractivos, pero peligrosos; las mujeres que saben usar sus encantos son «sirenas», etc. En el plano simbólico, las doncellas de agua son los abismos del inconsciente; aunque antiguamente revistieran el significado muy real de las seducciones y los peligros de la navegación, hoy se consideran como símbolo de la fascinación mortífera del deseo, de la atracción que ejerce la «mujer fatal», la seductora pérfida y cruel que acarrea la muerte física o espiritual. Simbolizan igualmente los engaños de la ilusión; como decía un proverbio latino *desinit in piscem mulier formosa superne*, «la mujer por arriba hermosa termina en cola de pez»; la mujer frígida excita un deseo que ella misma no siente o no puede satisfacer, según lo da a entender la imaginaria fisiología de la sirena. Si consideramos la mar como el inconsciente y sus profundidades, y la navegación como el viaje que es la vida humana, la sirena es la imagen de las tentaciones que brotan de las fuerzas inconscientes y que encontramos en el camino de la evolución individual o de la iniciación.

SÍSIFO. El muy prudente, hijo de Eolo y de Enareta, rey de Corinto y esposo de la pléyade Mérope hija de Atlas, engendraron a Glauco (el padre de Belerofonte), Porfirión, Halmo y Tersandro. Algunas tradiciones aseguran que sedujo a Anticlea siendo prometida de Laertes, y así fue también padre de Ulises. El nombre del mismo Sísifo quizá deriva de Tesup, dios solar hitita al que se consagraba un toro. Como rey demostró gran sabiduría según la Ilíada. Fundó la ciudad de Éfira que luego se convirtió en Corinto, la pobló de humanos nacidos de unos hongos e hizo construir una gran defensa para proteger el istmo del mismo nombre, lo cual le sirvió para desvalijar sin contemplaciones a los viajeros. De tal manera que sus contemporáneos, aun admitiendo los méritos del desarrollo comercial y de la navegación en Corinto, lo tenían por un pillastre, gran embaucador e hipócrita. Instituyó también los Juegos Ístmicos en el gran santuario del istmo, una festividad bienal en honor de Poseidón. No obstante fue más conocido por sus fechorías y sus aventuras. A la muerte de Eolo, padre de ambos, su hermano Salmoneo le usurpó el trono. Aconsejado por el oráculo de Delfos, Sísifo se hizo amante de su sobrina Tiro, hija del usurpador. Cuando ésta descubrió que Sísifo se había servido de ella para su venganza mató a los dos hijos que tuvieron. Sísifo expuso los cadáveres en la plaza pública, acusó a su hermano de incestuoso y asesino, y consiguió que lo expulsaran de Tesalia. Cuando Zeus raptó a Egina hija del dios fluvial Asopo, éste fue a buscarla en Corinto, y Sísifo tuvo la osadía de denunciar al raptor. En premio, Asopo hizo brotar la fuente de Pirene, un manantial perpetuo situado detrás del templo de Afrodita, donde Belerofonte abrevó a Pegaso. Pero Sísifo había cometido una grave imprudencia al divulgar un secreto di vino. El irritado Zeus ordenó a Hades el dios de la muerte (a Tánato, según otros mitógrafos) que se lo llevara y le infligiera un castigo perpetuo. Pero el astuto rey de Corinto convenció al amo del Tártaro de la necesidad de ensayar el funcionamiento de los grilletes que iba a ponerle, e hizo que se los pusiera él mismo. Y se apresuró a cerrárselos, con lo cual hizo prisionero a quien debía conducirle al reino de los difuntos.

Como resultado de esto el Tártaro empezó a despoblarse, porque hallándose ausente el dios de la muerte nadie podía morirse, ni aun los decapitados. Por lo cual Zeus tuvo que enviar a Ares el dios de la guerra para que librase a Hades y condujese al condenado. Sísifo fingió someterse, pero antes de bajar a los infiernos ordenó a su mujer que no le enterrasen. Tan pronto como llegó al reino de los muertos, obtuvo de Perséfone la esposa de Hades un permiso para regresar a la tierra por tres días, ya que según él debía castigar a su esposa por no haberlo enterrado, faltando así a su obligación familiar. Al verse de nuevo en Corinto naturalmente se negó a regresar. Esta vez fue preciso despachar a Hermes para que lo llevara a la fuerza. Fue entonces cuando los jueces de los infiernos lo condenaron al suplicio que le ha hecho célebre: empujar una roca enorme hasta la cima de una montaña, tarea imposible y eterna, porque todas las veces que está a punto de conseguirlo, la roca se le escapa y tiene que regresar al pie de la montaña para comenzar de nuevo. Además, cuando intenta descansar, una Erinia lo castiga a latigazos. En su origen la roca de Sísifo era «la piedra de la impiedad», un disco solar, y la montaña figuraba la bóveda celeste, elementos relacionados con un culto al Sol que se practicaba antiguamente en Corinto. Su castigo simboliza un trabajo aplastante e interminable, que siempre hay que empezar una y otra vez. Es la expresión del complejo de perdedor que aflige a ciertas personas aparentemente perseguidas por la mala suerte y que se hallan una y otra vez en parecidas situaciones penosas: traiciones, engaños, etc. No consiguen realizar sus aspiraciones ni conservar un empleo, situación que Freud atribuyó a las reacciones autodestructivas debidas a acontecimientos infelices de la primera infancia, por los cuales el sujeto «se convierte en autor inconsciente de su propia desgracia».

TÁNTALO, el que titubea, hijo de Zeus y de una ninfa, rey de Corinto (o de Argos), esposo de Eurínasa hija del dios-río Pactolo, o de Euritemiste, hija del dios río Janto o Xanthos, engendraron a Pélope, Níobe y Bróteas. Amigo de Zeus, quien solía invitarlo a los banquetes del Olimpo, traicionó los secretos de los dioses y robó néctar y ambrosía para darlos a probar entre los mortales; luego invitó a los dioses y les presentó guisado a su propio hijo Pélope (según versiones, para averiguar si tenían el poder de ver las cosas ocultas como pretendían). Los olímpicos horrorizados rechazaron el plato, excepto Deméter que se comió, por distracción, un trozo del hombro izquierdo. Zeus resucitó a Pélope con la colaboración de Cloto, una de las Moiras, y sustituyó la parte que faltaba con una pieza de marfil. En castigo Tántalo perdió su reino y fue condenado por Zeus al Tártaro, donde padece tormento eterno de hambre y sed, sumergido hasta la cintura en un río sobre el cual cuelgan las ramas de unos árboles repletos de frutos; pero cuando él se inclina para beber, las aguas se retiran inmediatamente, y si alza la mano para coger una fruta, las ramas se apartan levantadas por un golpe de viento. Además se cierne sobre él un peñasco enorme del monte Sípilo amenazando con aplastarlo.

TELÉMACO, el que lleva la batalla decisiva, hijo de Ulises y de Penélope, esposo de Circe (o Casífone), era demasiado joven cuando su padre partió hacia Troya, y se quedó con su madre. Ante la arrogancia de los pretendientes y aconsejado por Atenea y por Méntor, salió en busca de su padre. Las aventuras de Telémaco forman un ciclo legendario propio, narrado en la primera parte de la Odisea: fue acogido por Néstor, cuyo hijo le acompañó a Esparta, donde los recibió Menelao, y por último regresó a Ítaca sin haber encontrado a Ulises. Finalmente reunidos en la casa del pastor Eumeo, combatió al lado de su padre en la matanza de los pretendientes. – Los años juveniles de Telémaco son el paradigma de «la educación del joven Príncipe», como en *Les aventures de Télémaque* (1699), obra escrita por Fénélon cuando era preceptor del duque de Borgoña, una especie de anti-Maquiavelo (y crítica velada contra Luis XIV), fue muy imitada durante el siglo XVIII.

TESEO. El que se tiende en tierra, nacido de la doble unión de Etra con Egeo rey de Atenas y con el dios Poseidón, que le dotó de una fuerza prodigiosa. Poco después del nacimiento de su hijo, Egeo regresó a Atenas, tras esconder debajo de una roca las sandalias y la espada destinadas al niño, pero que no serían suyas hasta que tuviese la fuerza necesaria para levantar aquel pedrusco. Teseo creció sin saber que era hijo de un dios. Cuando hubo cumplido los dieciséis años su madre lo llevó ante la famosa piedra, que él levantó sin dificultad, y así descubrió los trofeos que le había dejado

Egeo. Entonces emprendió la búsqueda de su padre, pero siguiendo los consejos de su madre lo hizo por tierra en vez de elegir la vía marítima, que estaba infestada de piratas. Cerca de Epidauro se enfrentó con el bandido Perifetes hijo de Hefesto, y lo mató, después de lo cual se apoderó de su terrible porra reforzada con un aro de bronce, parecida a la de Hércules; luego mató a Sinis hijo de Poseidón, sedujo a su hija Perigune y la hizo madre de Melanipo; abatió a Fea, la cerda salvaje de Cromio, hija de Equidna y de Tifón que asolaba la comarca. En las estribaciones de la Megáride se tropezó con el bandido Escirón, corintio hijo de Pélope, que sentado sobre un peñasco forzaba a los viajeros a que le lavasen los pies, hecho lo cual aprovechaba la distracción para arrojarlos por el acantilado al mar, donde se los comía una tortuga gigante; Teseo luchó con él y lo despeñó a su vez. En Eleusis venció al arcadio Cerción, que desafiaba a los viajeros para ahogarlos entre sus poderosos brazos. En Corídalos mató al padre de Sinis, el cruel gigante Procusto, falso hospedero que acostaba a sus víctimas en una cama demasiado pequeña (y cortaba todo lo que sobresaliese), o demasiado grande (y los estiraba del cuello y de los pies hasta dejarlos a la medida). El justiciero Teseo siempre les administraba el trato que ellos habían infligido a los demás. Después de realizar todas estas hazañas se purificó de las muertes bañándose en aguas del Cefiso y entró en Atenas, donde se encaminó al palacio de su padre. Al verlo Medea, la maga que se había casado con Egeo, tuvo celos y quiso envenenarlo. Teseo lo descubrió y fue repudiada por Egeo. Después de exterminar a los Palántidas, hijos de Palas hermano de Egeo que pretendían destronar a éste, Teseo salió un busca de un toro salvaje que hacía estragos en el Ática, lo capturó cerca de Maratón y lo condujo a Atenas, donde fue ofrecido en sacrificio a Apolo. El rey Minos de Creta había impuesto a los atenienses un humillante tributo anual de seis muchachos y seis doncellas para ser devorados por el Minotauro; Teseo fue a Creta y sedujo a Ariadna, la hija del rey, quien le mostró cómo entrar en el Laberinto y volver a salir gracias a un ovillo de hilo cuyo extremo debía atar a la entrada. Teseo mató al Minotauro de un puñetazo; una leyenda dice que el monstruo quedó metamorfoseado en constelación.

Cuando mató el toro de Minos, o venció al comandante de las fuerzas enemigas en lucha a brazo partido, «libró a Atenas del tributo», tras lo cual «desposó con Ariadna, la heredera de la realeza, y así se estableció la paz con Minos». Como culminación de la aventura cretense, Teseo se llevó a Ariadna, pero la abandonó en la isla de Naxos, donde la consoló Dioniso. Cuando avistó Atenas se le olvidó izar la vela blanca que según lo acordado con su padre anuncia ría su regreso como triunfador; al ver la vela negra, Egeo creyó que su hijo había muerto y, desesperado, se arrojó al mar. Convertido en rey del Ática, Teseo emprendió la unificación de los poblados dispersos, estableció las tres clases de ciudadanos, erigió templos, hizo acuñar moneda e instauró las fiestas llamadas panateneas. Acompañado de su amigo Pirítoo el rey de los lapitas se unió a Hércules en la expedición contra las crueles amazonas, a cuya reina Antíope sedujo, y la hizo madre de Hipólito. Después de la muerte de Antíope desposó con Fedra, de la que tuvo dos hijos, Acamante y Demofonte. Según algunas tradiciones también participó en la lucha de los lapitas contra los centauros, en la caza del

jabalí de Calidón y en la búsqueda del vellocino de oro. Siempre en
compañía de Pirítoo, bajó al Tártaro con intención de raptar a Perséfone. La expedición no tuvo fortuna; Pirítoo fue devorado por el
can Cerbero y Teseo, encadenado por Hades en la silla del Olvido,
se quedó allí cuatro años, hasta que apareció Hércules; es el período de cuatro años «transcurrido el cual se obligaba al rey ungido
a ceder su puesto». Cuando regresó halló la ciudad agitada por las
intrigas de los nobles, que habían recurrido a los Dioscuros para
entronizar a Menesteo y liberar a Helena, hermana de aquéllos raptada por Teseo. Además Fedra se había enamorado de su hijastro
Hipólito, pero como éste no quiso hacerle caso lo acusó de haber
intentado forzarla, con lo que causó la muerte de Hipólito y la suya
propia. Juzgándose incapaz de restablecer el orden en su reino y
en su propia casa, Teseo se exilió en la corte del rey Licomedes
de Esciro; éste lo acogió, pero luego, temeroso de verlo convertido
en rival, lo despeñó. Tuvo consideración de héroe nacional y gran
legislador, por cuanto había realizado la unificación política de los
doce cantones del Ática. Dividió la población en cuatro tribus y
doce fratrías, e inauguró las fiestas synoekia. El quinto día del mes
de pyanepsion se celebraban las fiestas teseas en su honor, consistentes en sacrificios, juegos y banquetes.

TETIS, hija de Nereo y de Doris, acogió con benevolencia a Hefesto que había sido despeñado por Zeus de los cielos. No quiso unirse
con Zeus ni con Poseidón; fue deseada por Peleo rey de la Ftía, y por
más que ella se metamorfoseó en león, serpiente, agua y fuego, él
perseveró previamente instruido por Quirón y por último la consiguió. En sus bodas celebradas en la cueva del centauro Quirón tuvo
lugar el célebre episodio de la rivalidad entre Afrodita, Hera y Ártemis que dio lugar al juicio de Paris. Fue madre de Aquiles, a quien
bañó en las aguas del Estigia para hacerlo inmortal, pero como lo
sujetaba por el talón esa parte de su cuerpo no quedó invulnerable.
Cuando estalló la guerra de Troya lo envió a la corte del rey de Esciro

disfrazado de mujer. – Los episodios de su vida fueron tratados por numerosos artistas: Le Brun, *Le Triomphe de Neptune et de Thétis*, Henri Regnault, Desjardins, etc.

TÍNDARO, el que machaca, hijo de Ébalo y de Gorgófone, sucedió a su padre en el trono de Esparta. Expulsado por su hermano Hipocoonte, se refugió en Etolia, en la corte del rey Testio, con cuya hija Leda desposó. Ésta parió a los Dioscuros, a Helena, a Clitemnestra, engendrados por Zeus metamorfoseado en cisne. Hizo jurar a los numerosos pretendientes de Helena que la defenderían frente a cualquier ultraje, y lo mismo a quien finalmente resultara ser su esposo. Así, cuando fue raptada por Paris los pretendientes marcharon contra Troya.

TIRESIAS, adivino tebano, fue uno de los guerreros que nacieron de los dientes del dragón sembrados por Cadmo, y padre de la profetisa Manto. Cierto día mató dos serpientes que estaban copulando, y quedó convertido en mujer. Siete años más tarde vio otra vez la misma escena y volvió a ser hombre. Como quiera que hubiese estallado una discusión entre Zeus y Hera sobre cuál de los dos experimentaba mayor placer durante la unión sexual, llamaron a Tiresias para que opinase, puesto que poseía experiencia como hombre y como mujer. El fallo de Tiresias no agradó a Hera, quien castigó la revelación de su secreto dejándolo ciego. En compensación recibió de Zeus el don de la profecía y el de vivir durante varias generaciones. Se cuenta que fue él quien aconsejó dar el trono de Tebas y la mano de Yocasta a quien resultara vencedor de la Esfinge, y predijo la muerte de los Siete Jefes frente a Tebas. Murió poco después de beber agua de la fuente de Telfusa.

TITANES y **TITÁNIDAS**, los señores, nombre de un grupo de divinidades anteriores a los dioses Olímpicos, disputaron a éstos la soberanía del universo. Son los doce descendientes de Titán, hijo de

Urano y de Gea: Cronos, Océano, Ceo, Crío, Hiperión, Japeto, y las seis Titánides: Rea, Tetis, Febe, Mnemosine, Temis y Tía. – Son personajes representativos del orgullo desaforado y de la brutalidad, como rasgos que han de llevar indefectiblemente a una caída espectacular.

TRITÓN, el que está en su tercer día, fue hijo de Poseidón y de Anfitrite, y hermano de Rodé y de Pentesicimea. Se presenta como un dios benévolo, quien acogió a los argonautas cuando la tempestad los arrojó a sus orillas. En otras leyendas hallamos a un dios temible del cortejo de Poseidón y de Anfitrite. Su atributo es una concha marina, una caracola maravillosa cuyo sonido se oía de un confín al otro del mundo, lo cual le aseguraba el dominio de los vientos y además le servía para beber. Como le gustaban demasiado el vino y el hidromiel, cierto día lo hallaron embriagado, tirado en una playa, y le cortaron la cabeza. En su origen Tritón y las hermanas figuraban las tres fases lunares visibles; entonces era una divinidad femenina que representaba la Luna nueva, augurio de buena suerte, mientras que Rodé era la Luna llena de las cosechas y Pentesicimea la Luna vieja. Más tarde se convirtió en una divinidad masculina; era también una de las tres formas del «viejo de las aguas» o halios gerón Nereo-Tritón-Glauco.

TROYA o Ilión, llamada Pérgamo en los tiempos primitivos, era la capital de la Tróade, región del Asia Menor situada cerca del Bósforo antiguamente llamado Helesponto. Fundada por los pelasgos hacia el 1500 a.C., o por Tros o por Dárdano según versiones, su historia se confunde con las épocas mitológicas de Grecia. La arqueología ha revelado el emplazamiento de la ciudad de Troya en la colina de Hissarlik (de la actual Turquía), donde se descubrió el tesoro de Troya, formado por copas y joyas de oro, objetos de cobre, etc. Los numerosos niveles que distinguen los arqueólogos en el mismo asentamiento corresponden a destrucciones y refundaciones sucesivas, algunas de ellas recogidas por la mitología: después de

GUÍA ESENCIAL DE MITOLOGÍA 174

la construcción de las murallas atribuida a Poseidón y Apolo, fue saqueada por Hércules bajo el reinado de Laomedonte, que murió lo mismo que sus hijos excepto Príamo.

ULISES.

Héroe de la Odisea, el más hábil de los hombres, en su origen fue un dios del fuego que más tarde quedó asimilado a Odiseo, «el hombre colérico»; en cualquier caso éste era de estirpe de dioses, hijo de Sísifo y de Anticlea (descendiente de Hermes por parte de su padre Autólico, y esposa de Laertes). Cuando era todavía un niño, en el monte Parnaso participó con su abuelo en la caza del jabalí y recibió una herida en la rodilla, de lo cual le quedó una cicatriz. Cierto día Laertes lo envió al palacio de Orsíloco, de los mesenios, para reclamar trescientas ovejas robadas a los pastores de Ítaca. Allí conoció a Ífito, arquero notable (que había realizado muchas hazañas durante la expedición de los argonautas), quien le regaló el arco de su padre Éurito, cuyas mortíferas flechas jamás erraban el blanco. Alcanzada la edad adulta Ulises se coronó rey de Ítaca y deseando contraer matrimonio, pretendió la mano de Helena la hija de Tíndaro rey de Esparta. Otros muchos héroes pretendían lo mismo, sin embargo, y aunque ganó él los torneos propuestos para seleccionar entre los pretendientes de la bella, Menelao fue preferido y Ulises se adjudicó a Penélope la hija del rey Icario, con quien tuvo un hijo, Telémaco. Como todos los pretendientes derrotados, Ulises juró vengar cualquier ofensa que se hiciese a Helena o al futuro esposo. Poco después de nacer su hijo se le reclamó el cumplimiento de la promesa. Agamenón y Menelao pretendían armar una flota para realizar una expedición punitiva contra Troya. Pero Ulises, que no estaba para luchar, fingió haberse vuelto loco y se puso a arar las arenas de la playa. La ficción fue desenmascarada por Palamedes, y Ulises tuvo que zarpar rumbo a Áulide con doce naves, que representaban los efectivos de Ítaca, de Zacintos y de las regiones costeras del Epiro. El oráculo predijo que la intervención de Aquiles era indispensable para asegurar el éxito de la expedición; Ulises quedó encargado de buscarlo en Esciro, donde el héroe se había refugiado en la corte de Licomedes disfrazado de mujer. Ulises supo persuadir a Aquiles, y durante toda la guerra de Troya se distinguió pero no sólo por su valor, sino también por su sangre fría y su astucia.

Mató a numerosos héroes troyanos pero también allanó muchas discordias entre los mismos griegos con su elocuencia y su capacidad de persuasión. Una noche, él y Diomedes emprendieron una incursión en campo enemigo para robar los caballos blancos del tracio Reso (padre de la musa Euterpe, o de Calíope), más rápidos que el viento, porque un oráculo había declarado que Troya saldría victoriosa si aquellos caballos llegaban a abrevar en el río Escamandro, lo cual les conferiría fuerzas incontenibles. Al día siguiente, sin embargo, Ulises quedó herido en una salida de los troyanos, que lograron incendiar una de las naves y matar a Patroclo, el compañero inseparable de Aquiles. Éste retornó a la lucha y cuando cayó, sus armas, que debían adjudicarse al más valiente de entre los griegos, fueron disputadas entre Áyax Telamonio y Ulises. Fueron concedidas a éste por Agamenón y Áyax, ofendido, se volvió loco y se suicidó; se cuenta que nació una flor de su sangre cuyos pétalos llevan escrito el clamor de desgracia ai-ai. Según otros mitógrafos, la rivalidad entre Áyax y Ulises tuvo por causa la posesión del paladio, robado por Diomedes el Tideo y Ulises en otra incursión. La situación estaba tan mal para los griegos, que Ulises y Diomedes fueron a Lemnos para reclamarle a Filoctetes el arco y las flechas envenenadas de Hércules, que siempre según los oráculos eran imprescindibles para la victoria de los griegos.

Al inicio de la guerra la flota había hecho escala en Lemnos y Filoctetes fue mordido por una serpiente, o herido por una de sus flechas, por lo que se vieron obligados a abandonarlo (durante diez años, a lo que parece) hasta que regresaron por las armas y Ulises lo condujo al campamento frente a Troya, donde fue sanado por Esculapio. Más adelante se le ocurrió a Prilis hijo de Hermes la idea del célebre caballo de madera hueco, provisto de una trampilla y con la inscripción «los griegos agradecidos de antemano a la diosa por el retorno sanos y salvos a sus patrias», como si fuese una ofrenda de gratitud a Atenea. Mediante una escala de cuerda se metieron en el vientre del caballo un puñado de guerreros, mientras Ulises ordenaba incendiar el campamento y enviaba las naves a las islas Calidinas. Al amanecer los troyanos vieron que los enemigos y las naves habían desaparecido, y Príamo mandó derribar un lienzo de muralla para meter el caballo en Troya.

Después de celebrar la victoria los troyanos se echaron a dormir y así los griegos pudieron salir del caballo y tomar la ciudad, que fue saqueada e incendiada. El retorno a Ítaca de Ulises y sus compañeros, cantado por Homero en la Odisea, fue movido. De los demás griegos tampoco hubo muchos que regresaran sin dificultades a la patria, salvo la excepción del prudente Néstor, quien retornó incólume a Pilos y vivió feliz el resto de sus días. El relato de las peregrinaciones de Ulises le lleva a Homero veinticuatro noches; la odisea duró diez años. En Ciconia tomó y saqueó la ciudad de Ismaro; sufrió una violenta tempestad frente a las costas de Citerea y desembarcó en el país de los lotófagos, donde sus marinos probaron los dulces frutos y perdieron la memoria; Ulises se vio obligado a usar la fuerza para reembarcarlos. A continuación abordó la isla de los Cíclopes, los cuales, en esa época, llevaban vida de pastores indisciplinados y trogloditas. Mientras descansaba con sus hombres en una de las cavernas entró el cíclope Polifemo (hijo de Poseidón y de la ninfa Thoosa), que los encerró y devoró a varios de los hombres. Ulises le dio a beber del potente vino de Ciconia y cuando el cíclope se durmió embriagado, los hombres afilaron un tronco en el fuego y le abrasaron el único ojo. Loco de dolor, el cíclope retiró la roca que cerraba la entrada de la cueva y los griegos escaparon agarrándose a las lanas de las ovejas del gigante. Cuando hizo escala en la isla de Eolo, el dios de los vientos le regaló un saco que los contenía todos, cerrado por medio de un hilo de plata, el cual era preciso aflojar con cuidado para dar salida al viento que les conviniera según el rumbo del viaje.

Pero los marinos de Ulises creyeron que el odre estaba lleno de vino; al desatarlo salieron todos los vientos en desbandada y empujaron de nuevo el barco hacia la isla de Eolo, pero éste se negó a ayudarlos por segunda vez y no les quedó más solución que remar. Una semana más tarde Ulises arribó al país de los lestrigones, gobernado por el rey Lamos. Los gigantes recibieron la flota a pedradas y se comieron a los marineros; sólo se salvó el barco de Ulises con su tripulación. Tras larga singladura, llegó con sus últimos hombres a Eea, la isla de la Aurora, que era el dominio de la maga Circe, hija de Helios y de Perseo. La encantadora durmió a los marinos que habían bajado a tierra y los transformó en cerdos. Ulises fue por ellos provisto de un encantamiento que le dio Hermes para contrarrestar los sortilegios de Circe. Tras deshacer la metamorfosis de sus compañeros y ponerlos en libertad, aceptó quedarse en Eea y ser rey al lado de la maga, quien le dio tres hijos, Agrio, Latino y Telégono. Pero Ulises tenía nostalgia y al cabo de algunos años decidió hacerse a la mar. Por consejo de Circe bajó al Tártaro para recabar del adivino Tiresias la manera de regresar a Ítaca sin más reveses. En el mundo de las sombras pudo saludar la de su madre Anticlea y las de numerosos personajes ilustres y ex compañeros suyos; luego reemprendió el regreso a su país natal. Al pasar cerca de las islas de las Sirenas vio los miles de esqueletos de los marineros aniquilados por aquéllas, e hizo que sus hombres se taparan los

oídos con cera; él mismo escuchó los cantos de las Sirenas, pero atado
al palo de su navío y sin que sus hombres lo soltaran hasta que hubieron pasado. Luego pasó el estrecho entre Escila y Caribdis, así como
las Rocas Errantes que ni siquiera el Argo pudo enfrentar, y llegaron
a la vista de Sicilia, donde pastaban tranquilamente las vacas del titán
Hiperión (o de Helios). Hizo prometer a sus marinos que no tocarían
aquellos animales sagrados, pero como tenían hambre, Euríloco y sus
compañeros mataron y asaron varias vacas mientras Ulises dormía.
Al despertar temió la venganza del titán y embarcó en seguida, pero
una fuerte tormenta hundió la nave y todos los marineros perecieron;
en cambio Ulises consiguió fabricar una balsa con los restos y derivó
nueve días antes de dar con sus huesos en la isla de Ogigia, una de
las Cícladas, donde vivía Calipso, la hija de Tetis y del Océano. Ella
recogió al náufrago, vivió con él siete años y le dio los gemelos Nausítoo y Nausínoo. Ulises seguía añorando a Ítaca y cuando se cansó de
las caricias de Calipso hizo una balsa de cortezas, la echó al mar con
ayuda de unos rollizos y salió a la aventura; pero aún no tenía ganada
la partida porque su enemigo Poseidón provocó una fuerte marejada
que volcó la balsa. Agotado pero vivo gracias a la ayuda de la diosa
marina Leucotea, Ulises nadó hasta la playa de Drépane, la isla donde
fue descubierto por Nausica la hija del rey Alcinoo y de Arete, que
ya habían tratado con benevolencia a Jasón. Tras llevarlo a palacio y
escuchar el relato de sus peripecias, le dieron un barco, en el que logró
regresar a Ítaca tras veinte años de ausencia. Fue entonces cuando se
enteró de que los príncipes del reino, creyéndole muerto, cortejaban a
Penélope su mujer para apoderarse del trono. Su hijo Telémaco, que
había salido a buscarlo, estuvo a punto de perecer asesinado por los
mismos pretendientes; cuando regresó, padre e hijo se encontraron
y se reconocieron. Ulises se disfrazó de mendigo y fue a su palacio,
donde los pretendientes se comían sus ovejas y se bebían su vino. Penélope no lo reconoció pero tuvo compasión de sus harapos, por lo
que encargó a su criada Euriclea que le lavase los pies y lo vistiera. Al
ver la cicatriz de la rodilla la anciana doméstica reconoció a su amo.

Entonces éste aconsejó a Penélope que aceptase por esposo al que fuese capaz de disparar con el arco que le regalara Ífito veinte años antes, y atravesar los ojos de doce hachas puestas en fila. Ella aceptó la idea convencida de que la hazaña sería irrealizable. En efecto, los pretendientes fracasaron todos, pero cuando Ulises solicitó probar el arco, pese a la rechifla de los príncipes fue el único que logró tensarlo y lanzar la flecha a través de las doce hachas.

Entonces empezó la matanza de los pretendientes; tras darse a conocer ante Penélope y su anciano padre Laertes, aplastó una insurrección en Ítaca y volvió a ocupar el trono. Este célebre héroe, personaje de numerosas obras de arte realizadas por Claude Lorrain, Rubens, Doucet y otros muchos, personifica las cualidades del antiguo griego, o por lo menos las que éstos consideraban deseables: la valentía, la audacia, la paciencia, la perseverancia, la habilidad, el espíritu emprendedor, la astucia y la prudencia.

UNICORNIO, animal fabuloso que aparece en muchas civilizaciones pero bajo morfología tan diversa, que ha sido imposible precisar si se referían al rinoceronte africano, como da a entender la descripción de Plinio, o al narval, delfínido cuyo macho tiene el incisivo superior izquierdo muy prolongado. La imagen medieval más frecuente lo presenta como una especie de caballo o cabrito con un cuerno delgado, largo y en espiral parecido precisamente a un diente de narval. El Physiologus le atribuía ferocidad tremenda frente a los cazadores; en cambio, se dejaba apacentar tranquilamente por una virgen inmaculada. La Edad Media tejió alrededor de este simbolismo una serie de leyendas vinculadas al dogma de la Inmaculada.

URANIA, la que viene del cielo, una de las nueve Musas, protectora de la astronomía y de la geometría, fue amada por Apolo, quien la hizo madre de Lino y de Himeneo. La representaban coronada de estrellas y con un compás en la mano. Los antiguos asociaron su nombre a Venus para figurar la diosa del amor ideal y celeste que no despierta el deseo carnal.

URANO, el rey de las montañas, hijo de la Madre Tierra nacido durante el sueño de ésta, se unió con ella para que nacieran las plantas, los animales, los cursos de agua, los mares y los lagos. Sus primeros hijos semihumanos fueron los Gigantes: Briareo el de los cien brazos, Giges y Coto, luego los tres Cíclopes del ojo único: Brontes, Estéropes, Arges, y los Hecatonquiros. Luego precipitó a los Cíclopes en el Tártaro, región subterránea alejada de la tierra, y engendró a los Titanes. Éstos, inducidos por su madre Gea y capitaneados por Cronos, atacaron a su padre. Mediante una hoz de sílex, Cronos cortó los genitales de Urano con su mano izquierda (que es, desde entonces, la siniestra), y los arrojó al mar cerca del cabo Drépano. De la sangre derramada nacieron las tres Erinias, Alecto, Tisífone y Megera, así como las Melíades. Los Titanes pusieron en libertad a los Cíclopes y confiaron el mando de la tierra a Cronos, quien sin pérdida de tiempo envió de nuevo al Tártaro los Cíclopes y los Gigantes, desposó con su hermana Rea y se proclamó rey de la Élide. No es excesivamente original el mito de Urano ya que parece inspirado en el del dios pastor de los arios, Varuna. La unión de Gea y de Urano evoca «una invasión muy antigua de Grecia por los helenos procedentes del Norte, lo cual permitió al pueblo de Varuna la afirmación de que éste era el progenitor de las tribus indígenas que encontraron en la península, sin dejar de admitir al mismo tiempo que eran hijos de la Madre Tierra». La castración de Urano podría ser el relato imaginario de una alianza entre los distintos colonizadores prehelénicos de las regiones meridionales y centrales de Grecia, que practicaban el culto a los Titanes y se rebelaron contra los invasores helénicos del Norte; aunque victoriosos, «se proclamaron soberanos de los indígenas del Norte a quienes acababan de liberar». En cuanto a la castración propiamente dicha, «no necesariamente hay que interpretarla en sentido metafórico».

VELLOCINO DE ORO, el del carnero volador, además dotado de la palabra, que llevó a Hele y Frixo los hijos de Atamante a la Cólquide, puesto que su rencorosa madrastra Ino los atormentaba; a Hele la venció el vértigo y cayó al mar en el lugar llamado Helesponto. Frixo aterrizó, sacrificó el carnero a Zeus y regaló la piel al rey del país, quien la colgó de un árbol bajo la guarda de un dragón feroz. La expedición de los argonautas encabezada por Jasón se proponía la captura de ese objeto. Este vellocino (en realidad, los tesoros imaginarios o reales que se le atribuían al rey de Cólquide, y que tentaron la codicia de los jefes griegos), en literatura simboliza un tesoro lejano y precioso, que debe conquistarse aunque sea preciso arrostrar grandes peligros. Jung lo consideró símbolo de la conquista de lo imposible, un sueño irrealizable como la búsqueda del Santo Grial. El dragón que guarda el tesoro «es la imagen de las energías más primitivas. Representa el inconsciente donde las pasiones, los complejos, los deseos reprimidos llevan una existencia arcaica». La lucha con el dragón permite recuperar esas energías durmientes y ponerlas al servicio de la vida.

VENUS, divinidad latina que simbolizaba en su origen la fecundidad de la naturaleza, asimilada a la diosa griega Afrodita; pero siguió teniendo seguidores bajo sus advocaciones propias de Murcia, «el tacto», Libentina, «diosa del placer» o Genitrix, «la madre».

VESTA, personificación latina del hogar doméstico o público, donde ardía el fuego perpetuamente, simbolizaba por ello las ánimas de los antepasados. Homóloga de la diosa griega Hestia, se le rendía culto mediante las vestalias, que se celebraban con gran pompa el 15 de junio con el fin de asegurar la prosperidad de los romanos. Numa instituyó el colegio de las vestales (que eran dieciocho), encargadas de mantener el fuego sagrado de la diosa, a cuyo servicio entraban a la edad de seis o diez años, y permanecían hasta los treinta. Gozaban de considerables privilegios, pero arriesgaban severos castigos si incumplían el voto de castidad o permitían que se apagase el fuego (eran enterradas vivas en el *Campus sceleratus*).

VULCANO, dios herrero en la mitología galorromana, homólogo del griego Hefesto, acabó convertido en el dios latino del fuego, de la guerra y de los metales, hijo de Júpiter y de Juno, esposo de Venus o de Maya *(Maia Volcani)*. Protegía a los romanos contra los incendios. Residía en una de las islas Lípari, llamada la isla de Vulcano, o de acuerdo con una versión diferente, en una región llamada Tierra de Fuego, campos flogísticos o campi phlegroei (leyenda quizás alusiva al cráter semiextinto del Vesubio Fucina Volcani, situado al pie del monte Solfatare, conocido por sus emanaciones sulfurosas, donde se enseñaba la gruta del perro, una caverna de cuyo suelo subía un gas mefítico). Se le consagró un lugar de la antigua Roma, el Vulcanal o Area Volcani, con un altar que le dedicó Rómulo después de la guerra entre romanos y sabinos.

YOCASTA, o Epicasta, hija de Meneceo, hermana de Creonte y esposa de Layo rey de Tebas. Fue madre y esposa de Edipo, cumpliéndose la predicción del oráculo sin ella saberlo; cuando se enteró se quitó la vida ahorcándose.

ZEUS. El cielo luminoso, antes de ser el dios supremo de los helenos, «padre de los dioses y de los hombres», fue una divinidad de la naturaleza, en particular del cielo. Desde las cimas de las montañas presidía todos los fenómenos atmosféricos: la sucesión del día y de la noche, las estaciones, los años, la formación de las nubes, las lluvias, los relámpagos, los rayos y los truenos, la aparición del arco iris. En consecuencia, era protector de la agricultura, de las cosechas y de los frutos. Poco a poco fue cobrando categoría hasta erigirse como el dios omnipotente de todos los mortales y de los demás dioses. Entonces le atribuyeron una genealogía, y un pasado con sus aventuras. Se le consideró el tercer hijo de Rea, nacido en el monte Liceo de Arcadia y confiado a la Madre Tierra cuando nació, para sustraerlo a la voracidad de su padre Cronos, el que devoraba a sus hijos para que no llegaran a destronarlo. A cambio Rea le dio a Cronos una piedra envuelta en pañales, para que comiera en vez del recién nacido. Trasladado a Creta, lo criaron las ninfas Adrastea e Ío, lo protegieron los Curetes, y lo amamantó la ninfa-cabra Amaltea, cuya leche compartió con el dios cabrío Pan. Por eso, cuando se convirtió en amo del universo Zeus la llevó al cielo, entre las estrellas, donde brilla bajo el aspecto de la constelación de Capricornio, y uno de los cuernos de Amaltea se convirtió en el cuerno de la abundancia, que se va llenando a medida que gastamos su contenido. Una vez adulto, y con la ayuda de Rea, Zeus destronó a Cronos y le obligó a devolver todos sus hermanos y hermanas: Poseidón, Hades, Hestia, Deméter,

Hera y la famosa piedra sustituta de Zeus. Ésta fue colocada en Delfos para servir de recuerdo; allí la ungían regularmente con aceite y recibía las ofrendas de los fieles. Luego hizo la guerra a los Titanes capitaneados por el gigante Atlas, para lo cual se alió con los Cíclopes fabricantes de rayos, y con los Hecatonquiros. Éstos le dieron a Poseidón un tridente, a Hades el casco que lo hacía invisible, y a Zeus el rayo, armas que les permitieron salir victoriosos y arrojar al fondo del Tártaro a sus adversarios. Algunos Titanes se pasaron al bando de Zeus, pero otros seguían amenazando a los dioses, hasta que Pan profirió un grito terrible que los puso a todos en fuga. Atlas fue condenado a llevar sobre sus hombros el universo. (El combate contra los Titanes, que duró diez años, evoca los temblores de tierra que sacudían la Tesalia en tiempos primitivos, y debieron provocar algún trastorno geológico.) Zeus sucedió a su padre y se repartió el universo con sus hermanos: para Poseidón quedaron los océanos, para Hades el mundo subterráneo, y Zeus se reservó la soberanía sobre los dioses y los hombres.

El amo del Olimpo estaba dotado de un temperamento ardiente, que no tardó en manifestarse. Su madre le prohibió casarse, lo cual le causó una violenta cólera, y amenazó con violarla. Rea se transformó en serpiente para evitarlo, pero entonces él hizo lo mismo y se unió a ella. Fue el comienzo de una larga carrera amorosa, durante la cual perpetró numerosas violaciones (que tienden a explicar las conquistas de antiguos templos de la Gran Diosa por los helenos, mientras que «sus casamientos aluden a la antigua costumbre de dar el nombre de Zeus a los reyes sagrados del culto de la encina»). Sus conquistas amorosas le hicieron padre de un gran número de dioses, semidioses, diosas, ninfas, héroes y reyes. Su primera compañera fue Metis, «la Razón», hija del Océano y de Tetis, la que preparó el bebedizo mediante el cual Cronos tuvo que devolver los dioses que se había comido. Tuvo una hija, y después anunció a su esposo que esperaba un hijo, el cual destronaría a su padre y se haría el dueño de los cielos.

En seguida Zeus devoró a su mujer, y poco después sufrió un intenso dolor de cabeza. Para aliviarlo, Prometeo (o Hefesto) le hizo una brecha en el cráneo, de la que salió Atenea totalmente vestida y armada incluso con el casco (esta leyenda marca el final de las leyes matriarcales y «subraya que la sabiduría es una prerrogativa masculina; hasta entonces sólo la diosa poseía esa cualidad»). A continuación fue Temis, hija de Urano y de Gea, quien le dio las Horas, las Moiras, las Ninfas del Erídano y las Hespérides. Asistía Temis a las deliberaciones de los Olímpicos, donde atendía a la observancia de la ley, y predijo el porvenir en Delfos antes de ser suplantada por Apolo. Metamorfoseado en pastor, Zeus fue admitido nueve noches seguidas en el lecho de Mnemosine, titánida hija de Rea y de Cronos, con lo que engendra ron las nueve Musas; también se enamoró de su hermana Deméter, que rechazó sus insinuaciones, pero él la persiguió, se convirtió en toro y la violó. De esta unión forzada nació Coré, o Perséfone. Zeus cortejó sin éxito a Hera, también hija de Cronos y de Rea. Mal perdedor, se transformó en un cuco, la joven lo recogió y él la violó; después se casaron y tuvieron numerosos hijos dioses: Ares, Eris, Hefesto, Hebe. (Esta violación de la diosa de la Tierra «implica que los helenos adoradores de Zeus transformaron todas las ceremonias funerarias y agrícolas». La prohibición de casarse «significa que hasta entonces la monogamia era desconocida; las mujeres tomaban tantos amantes como se les antojase»). Este desposorio no puso término a las empresas galantes, pese a los celos de su esposa, que lo espiaba constantemente y tomaba venganza de sus infidelidades siempre que podía. Leto, hija del titán Ceos y de la titánida Febe, no se resistió a los encantos del mayor seductor del Olimpo. Tras descubrir la infidelidad de su esposo, Hera la condenó a vagar por todo el mundo y la infortunada joven llegó finalmente a la isla flotante de Ortigia, donde sufrió nueve días y nueve noches de dolores antes de dar a luz los gemelos Apolo y Ártemis. Zeus amó a Maya la hija del gigante Atlas y de Pléyone, y tuvieron un hijo, Hermes. Más tarde Maya se convirtió en una de las Pléyades. Se unió

con Electra, hermana de Maya, en el templo de Atenea, junto al paladio; de esta unión nacieron Dárdano el futuro primer rey de Troya, y
Yasión, que amó a Deméter y fue padre de Pluto. Táigete, la tercera
hija de Atlas, se dejó amar por el dios y engendraron a Lacedemón, el
antepasado del pueblo espartano, los lacedemonios; según otras versiones, Ártemis la convirtió en cierva y rehuyó las pretensiones de
Zeus. También sedujo a las ninfas Egine y Antíope, hijas del dios-río
Asopo. Tomó la forma de un águila para llevarse a Egine por los aires
hasta la isla de Enone, donde parió a Éaco. Entonces Asopo salió en
busca de su hija, los sorprendió y fue fulminado por un rayo de Zeus
que forzó el regreso a su lecho fluvial. Luego tomó aspecto de sátiro
para poseer a Antíope. La joven temió la cólera de su padre y pidió
asilo a Epopeo rey de Sición, quien la desposó; en el camino parió
los gemelos Anfión y Zeto, a los que tuvo que abandonar, y fueron
recogidos por unos pastores. Tomó el aspecto de Apolo para seducir
a Calisto la hija de Licaón, y la hizo madre de Arcas. La madre y el
hijo fueron transportados al cielo, donde forman las constelaciones
de la Osa mayor y la Osa menor. A Maera, una ninfa del cortejo de
Ártemis, hija de Protos y de la ninfa Ausía, la hizo madre de Locre
y fue metamorfoseada en perra por Ártemis. Luego adoptó la forma
de una nube para poseer a Ío, sacerdotisa de Hera, hija de Ínaco (o
Yaso) rey de Argos. Luego se vio obligado a metamorfosearla en una
novilla para evitar las iras de Hera, pero ésta advirtió la transformación y la persiguió, lo cual motivó una larga peregrinación hasta
que Zeus le devolvió la forma inicial y «por simple contacto» la hizo
madre de Épafo.

Este hijo llegó a ser rey de Egipto y su hija Libia tuvo con Poseidón
a Agenor, Belo, Egipto y Danao. Ío instituyó el culto de Deméter y
después de su muerte quedó identificada con Isis. (Este mito, con los
viajes de Ío, tiende a explicar «las semejanzas entre el culto de Ío en
Grecia, el de Isis en Egipto, el de Astarté en Siria y el de Kâli en la
India».) A lo que parece, «las sacerdotisas argivas de Ío interpretaban
todos los años una danza de la novilla, durante la cual simulaban vol-

verse locas por el acoso de un tábano»; era éste un rito encaminado a implorar las lluvias necesarias hacia el final del verano, la época en que los tábanos menudean sus ataques. Se quiso que Zeus fuese el padre de Épafo y antepasado de Libia, Egipto, etc., porque los aqueos adoradores de Zeus «reivindicaban la soberanía sobre todas las poblaciones marítimas del Mediterráneo oriental». Níobe, la hija de Tántalo y esposa de Anfión rey de Tebas fue la primera mortal amada por Zeus cuando ya tenía siete hijos y siete hijas, los Nióbidas. Con Zeus engendraron a Argos, el fundador de la ciudad de su nombre. Pero habiéndose envanecido de su fecundidad frente a Latona, toda la prole murió bajo las flechas de Apolo y de Ártemis. Para poner fin a su aflicción Zeus la convirtió en una roca del monte Sípilo, en Frigia.

Cuando Hera se enteró de la relación de su esposo con Sémele la hija de Cadmo, el fundador de Tebas, se presentó a su rival adoptando el aspecto de Beroe, la nodriza de ésta, y le sugirió que pidiese a su amante una demostración de todo su esplendor. La ingenua Sémele quedó fulminada por la presencia de Zeus, quien tuvo tiempo aún de sacar a Dioniso de su seno; más adelante este hijo semidivino bajó al Tártaro y transportó el ánima de su madre al Olimpo, donde adoptó el nombre de Tioné. También Selene la hermana del Sol, Helios, la del rostro de blancura deslumbrante, fue seducida y tuvo tres hijas, Pandia, Ersé y Nemea. Danae la hija de Acrisio rey de Argos, encerrada por su padre en un torreón, tampoco pudo resistirse al asedio de Zeus, ya que éste invadió la prisión convertido en lluvia de oro, unión de la que nació el héroe Perseo. Para seducir a Europa la hija de Agenor rey de Fenicia tomó la apariencia de un magnífico toro blanco de cuernos dorados; la joven, que estaba jugando en la playa con unas amigas, montó el bello animal, que se la llevó en seguida a Creta. Tuvo Europa tres hijos, Minos, Radamante y Sarpedón. Cuando Zeus se enamoró de Némesis hija de la Noche y del Erebo (o del Océano), diosa de la venganza y de la justicia distributiva, ella le rehuyó arrojándose al agua y se convirtió en pez. Zeus se hizo castor para atraparla.

Entonces ella se mudó en fiera, y él se convirtió en un animal todavía más feroz. Némesis echó a volar en forma de pato silvestre;
Zeus se hizo cisne y se unió a ella en pleno vuelo. La diosa buscó
refugio en Esparta. Ese mismo día Leda, la esposa del rey de Tíndaro,
encontró en un estanque un huevo de color anaranjado y se lo llevó
a casa; al abrirlo apareció Helena y en recuerdo de ello, Zeus puso en
el cielo la constelación del Cisne. En otra versión del mito Pólux y
Helena fueron engendrados por Zeus convertido en cisne, y Cástor y
Clitemnestra por el rey. Otra estratagema empleó para poseer a Alcmena la esposa de Anfitrión rey de Tebas, célebre por su fidelidad, y
fue que tomó el aspecto de éste; cuando regresó el esposo ultrajado
quiso quemar a su mujer en una pira, pero el dios envió una lluvia
que apagó las llamas; de esta unión nació Hércules, hermano uterino
de Ificles. Dione la hija de Océano y de Tetis, esposa de Tántalo, tuvo
con Zeus a la bella Afrodita. Entre otras conquistas suyas, la ninfa
Pluto que fue madre de Tántalo; Anaxítea la danaide con quien engendró a Oleno, el fundador de Olena de Acaya; la oceánida Hesíone
esposa de Prometeo, madre de Orcómeno; la hija de Hesíone, Elara, a
la que fue preciso esconder en un refugio subterráneo para que no se
vengase de ella Hera, y que dio a luz el gigante Ticio, así como otras
muchas ninfas y musas. Pero no siempre se contentó con las diosas,
las musas y las ninfas. Un adolescente, Ganimedes, hijo del rey Tros,
le inspiró una loca pasión, ya que era el más bello que se hubiese
visto nunca en la tierra. Zeus lo transformó en águila, se lo llevó a los
cielos (es la constelación de Acuario) y allí, sonriendo eternamente,
le sirve como copero el néctar y la ambrosía, con la ocasional ayuda
de Hebe. (Este relato tuvo mucha popularidad en la antigua Grecia
y en Roma, «constituyó la justificación religiosa de la pasión de los
hombres maduros hacia los jóvenes efebos... Esta innovación, cuyo
origen se atribuyó a Tamris por parte de Apolodoro, subraya la victoria del sistema patriarcal sobre el matriarcal... los hombres acababan
de descubrir un nuevo campo de experiencias, la homosexualidad»).
Pretendió en vano a Tetis la hija de Nereo y de Doris, así como a la

ninfa Asteria, que se transformó en perdiz y se arrojó al mar frente a
la isla de Ortigia, más tarde llamada Delos. Venerado en toda Grecia,
los santuarios de Zeus se emplazaban en las cimas de las montañas;
los centros principales de su culto estuvieron en el monte Liceo de
Arcadia, en el Ida de Creta, en el del mismo nombre en la Tróade, en
Dodona, Olimpia, Nemea, y en el oasis libio de Zeus Hammon. Su
equivalente latino fue Júpiter, dios del cielo y del universo, personificación de la luz, de los fenómenos celestes, y dios de la agricultura,
adorado incluso antes de la fundación de Roma en algunas de las
siete colinas. Júpiter acabó por su plantar a todos los demás dioses
del panteón romano.

3. OTRAS Mitologías

Mitología **CELTA**

CUCHULAINN.

El perro que corre de Culann, pronunciado aproximadamente «Coohoolinn», héroe de epopeya de la mitología céltica celebrado en el ciclo legendario de los «Caballeros de la Rama Roja», fue un guerrero de la provincia del Ulster, mortal pero dotado de poderes sobrehumanos puestos al servicio de su tribu, y héroe-guardián de dicha provincia. Representado por algunos como hijo o reencarnación del dios Lug (a quien podríamos comparar con Apolo, es decir una

divinidad solar), y por otros como nacido tres veces, los textos lo describen como un mozo extraordinario, con «siete dedos en cada pie y otros tantos en cada mano; siete pupilas... cada una comparable a un brillante... y cuatro lunares en cada mejilla, uno azul, uno rojo, uno verde y uno amarillo. De una oreja a la otra se contaban cincuenta largas trenzas de cabello rubio como la miel de las abejas... Llevaba un manto verde abrochado sobre el pecho por una fíbula de plata, y debajo una camisa de brocado de oro». A la edad de cuatro años el hijo de Sualtainn y de Dechtine ya desafiaba y superaba a los pajes de la corte de su tío Conchobar (pronúnciese «Conohoor»), prototipo céltico del futuro rey Arthur. Luego quiso unirse a los pajes de la ciudad real de Emain llevando por todo bagaje un cayado de cobre, una bola de plata, una lanza y una jabalina. Pero los pajes, enfurecidos por la inesperada intrusión, se empeñaron en darle vara. Entonces él, presa de furor guerrero y lleno de fuerza sobrehumana, derribó a cincuenta pajes, en una transformación mágica que todavía inspira muchas ficciones modernas: «Atacado por su paroxismo, se deformaba, se convertía en un ser temible, agigantado, irreconocible. Empezaban a temblar de pies a cabeza sus carnes, sus articulaciones y sus miembros; se le retorcían los pies, las tibias, las rodillas. En su frente los tendones se hinchaban hasta la nuca y le salían bultos más gruesos que la cabeza de un recién nacido. Se le hundía un ojo... la boca se alargaba hasta rozar las orejas ... escupía lenguas de fuego... se le erizaban todos los cabellos. Su "paroxismo heroico" hacía brotar un bulto en su frente» etc. (la descripción recuerda con bastante exactitud al «increíble Hulk», personaje de una serie de televisión que sufría parecida metamorfosis cuando se enfadaba y entonces se convertía en un gigante invencible.)

Haciendo uso de esa fuerza cósmica de que era depositario mató al perro guardián de Culann (homólogo del can Cerbero), hazaña que le valió su nombre y el derecho a pelear bajo el estandarte de su tío. Cierto día el druida Cathbad anunció que un joven guerrero superaría en valor y en hazañas a todos los demás mozos de Irlanda. Sin vacilación Cuchulainn se puso una armadura, se apoderó de un carro y se encaminó a la fortaleza del «Campo de los Hijos de Nechtan», les cortó la cabeza a los soldados que la defendían, los ató a los costados de su carro y emprendió el camino de regreso. Durante el cual capturó unos ciervos gigantes y abatió en pleno vuelo, de dos pedradas, dos docenas de cisnes, todo lo cual ató también a su carro. De vuelta en la corte de su tío, los nobles se inquietaron temiendo por la virtud de sus esposas. El rey temía por las vidas de sus hombres e imaginó una astucia para moderar los ardores bélicos y amorosos de su sobrino, que fue enviar ciento cincuenta mujeres desnudas a su encuentro. Aprovechando la confusión del héroe, los hombres se apoderaron de él y lo metieron en un caldero de agua fría, pero quedó vacío; al repetir la operación el agua se puso a hervir, y al llenarlo por tercera vez el agua se limitó a calentarse, con lo cual los habitantes del castillo entendieron que habían domado a Cuchulainn y que estaban salvos. Era preciso casar a aquel peligroso rival, sin embargo. Entonces Cuchulainn se dirigió a los Jardines de Lug, donde conoció a la bella Emer, quien le reconoció al instante. Pero su padre Forgall le Wily, que quiere decir el astuto, se deshizo del peligroso pretendiente enviándolo a Alba, para que aprendiese las artes de la guerra con Donall el Guerrero.

Confiaba en que con esto no regresase jamás, porque se le confió en seguida una «misión imposible», la de sonsacarle a una guerrera llamada Scathach el secreto de su valentía sobrenatural. Muchas eran las pruebas aparentemente irrealizables que le aguardaban, pero él salió bien librado de todo con su maravilloso poder de «distorsión». Conoció a la encantadora hija de Scathach y ésta le indicó la manera de arrebatarle el secreto a su madre. Era sencillo, bastaba con dar un salto mortal para encaramarse al tejo donde moraba la guerrera, ponerle la punta de la espada en el pecho y presentarle la petición. Cuchulainn obtuvo el secreto así como la mano de la hija, a cuyo lado se quedó durante un año; participó en un combate contra la amazona Aife, «la bella», de la que tuvo un hijo, y regresó a los lares de Forgall le Wily. Como éste siguiera sin querer tenerlo por yerno, sencillamente raptó a la bienamada y desposó con ella en la corte de su tío, quien ejerció su derecho de pernada antes de la boda, según le correspondía. «La joven simboliza, como siempre en las leyendas, el destino, y los obstáculos resultantes de la negativa a dejar que la vida siga su curso». Otra leyenda dice que Cuchulainn tuvo una aventura amorosa con Fand, la reina de los Sidh. Habiendo demostrado así su valía, Cuchulainn se convirtió en protector del Ulster, pues se bastaba solo para defenderlo frente a las otras cuatro provincias y combatir contra la reina Medb, quien no escatimaba medios para derrotarle. Durante una nueva invasión de su provincia varios presagios anunciaron al héroe que estaba viéndoselas con fuerzas sobrenaturales y que se acercaba su última hora. Y como no era inmortal, murió, aunque con las armas en la mano, en el siglo II de nuestra Era según quiere la tradición, atado a una rueda solar «por el quíntuple lazo que fuerza a reunir las muñecas, el cuello y los tobillos». También se cuenta que para lograr su muerte según había ordenado la reina Medb, fue preciso que tres brujas «ensartaran sobre pinchos de serbal a un perro, que era animal sagrado». Cuchulainn sirvió de modelo a muchos personajes británicos del ciclo de la Tabla Redonda: Arthur, Perceval, etc.

DRUIDAS, entre los celtas, propagandistas y oficiantes de una doctrina religiosa basada en la enseñanza oral. Se les atribuían poderes mágicos. Eran astrólogos, adivinos, médicos, jueces, creían en la inmortalidad del alma y proclamaban que el antepasado común de todos los humanos es Dispater, el dios de la muerte. Y que el mundo terminará con un cataclismo en el que intervendrán el agua y el fuego. Sus ritos se centraban en la recogida del muérdago, probable reminiscencia de un culto a la vegetación.

Merlínus

MERLÍN. Supuestamente hijo de un cónsul romano, nacido en la isla de Sein, fue guerrero, bardo, poeta, adivino, y auxiliar del rey Arthur en su lucha contra los sajones. Según otra leyenda era hijo de una virgen y del diablo, y nació en el bosque bretón de Brocéliande, al pie de una encina. Cuando el rey Wortigern mandó construir una torre, las piedras apenas colocadas desaparecían misteriosamente. El mago declaró que era preciso sacrificar un recién nacido al pie de la torre y regar con su sangre los fundamentos. El escogido fue Merlín, y fueron al bosque por él cuando tenía dieciséis días. Pero tan pronto como lo pusieron en el suelo, arrancó a hablar con tal sabiduría que dejó estupefactos a los magos, y les indicó la presencia de un lago debajo de los fundamentos embrujados, donde vivían dos dragones rivales, el uno rojo, el otro blanco (que representaban, respectivamente, a Inglaterra y a los sajones). Esta primera predicción se verificó al excavar; al instante salió un gran pájaro blanco que arrebató a Merlín por los aires y lo devolvió a su bosque, donde se alimentaba de hierbas mágicas y de frutos. Se le atribuyen numerosos encantamientos: además de la transmutación de las piedras transportadas de Inglaterra en gigantes, la desaparición de los que entraban en los círculos mágicos que él trazaba con su espada flamígera.

Cierto día se enamoró del hada Viviana (o Niniana, de Ninia rey de los asirios), que era una maga provista de poderes tan extensos como los suyos. Tras enseñarle el arte de trazar el círculo mágico que protegería su amor y los uniría para siempre, Merlín cruzó con ella toda Europa, a lomos de un caballo más rápido que el viento. Pero un día él olvidó su espada y fueron perseguidos por un enemigo. Viviane con su varita mágica tocó un roble inmenso que se convirtió al instante en un palacio de cristal, en donde entraron para desaparecer por siempre jamás, lo mismo que el castillo. También se cuenta que Merlín libró al país de Wortigern el tirano, y se hizo luego consejero del sucesor, el rey Ambroise.

PERCEVAL, el que atraviesa el valle, héroe del ciclo de la Tabla Redonda; creado por Robert de Boron y desarrollado por el trovador francés Chrétien de Troyes y el alemán Wolfram von Eschenbach. Hijo de un caballero muerto en un torneo, fue criado por su madre en un bosque. A los quince años encontró a tres caballeros y los siguió hasta la corte del rey Arthur, o Artus, pese a las súplicas de su

madre, quien le entregó un anillo mágico. Llegado a la corte, mató al
Caballero Rojo, el matador de su padre, que lo había insultado, y tuvo
otras muchas aventuras, en el curso de las cuales perdió el anillo de
su madre. Ésta lo encontró por casualidad, creyó muerto a su hijo y
perdió la razón. Sin embargo, Perceval la curó por medio de un filtro,
libró a una bella princesa de un horrible enemigo, casó con ella y
vivieron felices. La leyenda de Perceval se vincula a la búsqueda del
Grial.

Mitología **EGIPCIA**

AMON-RE, Amon-Sol, divinidad compuesta del panteón egipcio en quien fusionaron Amen (el oculto) y el dios solar Râ, cuyos
atributos y características adoptó aquélla. Considerado como la
fuerza creadora, la fuente de toda vida en los cielos, la tierra y el
mundo subterráneo, se le representa a veces con cabeza de carnero
o de halcón, o rostro humano con cuernos de carnero, o coronado
por el disco solar con dos largas plumas. Lleva en la mano la cruz
ansata, símbolo del alma universal y de vida. Los griegos lo asimilaron a Zeus.

APIS, de antaño, buey sagrado de Menfis, nacido de
una novilla virgen fecunda-
da por el dios creador Ptah,
de quien representa la encarnación. Este toro criado
en el templo tenía las señas
siguientes: una media luna
en la frente, un buitre sobre
la espalda, un escarabeo debajo de la lengua. A su muerte se convertía en un Osiris,
u Osoris-Hapi u Osar-Hapi
(Hapi también es el nombre
del dios Nilo y uno de los
cuatro genios guardianes de
los vasos donde se conservan

las vísceras de las momias), nombres que fueron abreviados O Sarapis, Sarapis y Serapis por griegos y romanos. La necrópolis de los toros sagrados se llamaba el Serapeum.

ANUBIS, o Anpou para los egipcios, dios con cabeza de chacal, hijo de Osiris y de su hermana Neftis, fue abandonado al nacer. Recogido y criado por Isis, hermana y esposa de Osiris, acompañó a su padre adoptivo en sus viajes por todo el mundo, y cuando éste fue asesinado y descuartizado por Seth ayudó a Isis en la empresa de recuperar e inhumar los restos. Su culto estaba vinculado con el de Isis y Osiris, y presidía los embalsamamientos y los entierros. Más tarde se le asimiló a Hermes y tomó el nombre de Hermanubis.

CARONTE, Charon, personaje de origen egipcio, hijo de Erebo y de la Noche, el barquero de los Infiernos cruza las ánimas de los difuntos al otro lado de la laguna Estigia, siempre y cuando hubiesen recibido sepultura decente. Se le representaba en figura de un anciano barbudo, de semblante triste, provisto de remo y gorra de marino.

ISIS. La que llora, la figura más conocida del panteón egipcio (con Osiris), su nombre egipcio era Ahmos, Ast o Eset. Era primitivamente una diosa de las poblaciones ribereñas de las regiones pantanosas del Delta (donde nació el 4º día intercalar del año), venerada en Buto, hermana y esposa del dios solar Osiris, símbolo de las llanuras próximas al Nilo que cada año las fertilizaba con la crecida de sus aguas. Sus atributos eran la jara, la cruz ansata, el orbe, la palmera y el buitre (simboliza el poder de las Madres celestes). Encarnación del trono, «la sede sagrada era depósito del misterioso poder real, por lo que representaba gran papel en los ritos de la coronación, y fuente de fuerza vital», más adelante se convirtió en benefactora universal cuya jurisdicción abarca la tierra, los cielos y el mundo subterráneo. Es la Papisa del tarot, inmóvil, serena, callada, «impenetrable

y hierática... sacerdotisa del misterio... diosa de la noche profunda».
Isis representa el principio femenino, «fuente de toda fecundidad y
de toda transformación», la potencia creadora de la mujer. Apuleyo,
que fue iniciado en los misterios de la diosa, la describe como «la
naturaleza, la madre de la creación, la antepasada primitiva del tiempo, la primera entre los dioses y las diosas del cielo, la reina de las
sombras, el poder eterno venerado en todo el mundo bajo las más
diversas formas y con distintos ritos y nombres».

LIBROS DE LOS MUERTOS, entre los antiguos egipcios,
colección de escritos sobre asuntos mágicos y religiosos, contenía el
texto que el ánima debía decir para salir airosa de las pruebas que se
le planteaban al entrar en el mundo de las tinieblas, y evitar la caída
en los Infiernos; la obra se enterraba con la momia, por si olvidaba
las palabras. La confección de estos libros fue una industria nada
desdeñable en el antiguo Egipto; a los ricos les ponían rollos de pa-
piro de hasta treinta metros de longitud bellamente ilustrados; para
los pobres existieron otros mucho más sumarios y que se fabricaban

en serie, dejando en blanco el lugar para el nombre y circunstancias del difunto (los primeros «formularios» de que existe constancia en la Historia). Los textos mismos no cambiaron en más de mil años, y es evidente que muchos de los clientes no habrían sido capaces de leerlos, pero lo que importaba no era leerlo sino tenerlo para asegurarse la inmortalidad. – El Bardö o Libro de los Muertos tibetano es un tratado de edificación para el alma que después de la muerte va a encontrar muchas deidades terribles en su camino, pero debe saber que todas ellas son engendros de la propia imaginación.

OSIRIS, primitivamente Sairi-Siri, divinidad mayor del panteón egipcio, hijo del cielo y de la tierra, fue el primer dios que se manifestó en el mundo y reinó sobre los hombres. Con su esposa Isis, tiene por antagonistas la maléfica pareja Seth-Neftis. Osiris pasó por ser un dios civilizador que enseñó a los habitantes el cultivo del trigo y de la vid, instituyó el culto a los dioses y construyó Tebas y otras ciudades egipcias principales. Terminada su obra, fue muerto por Tifón, quien despedazó su cadáver y arrojó los trozos al Nilo, donde fueron respetados por todos los peces excepto el oxirrinco. Isis reconstruyó el cuerpo a partir de los trozos con la colaboración de Anubis, de Neftis y de su propio hijo Horus; gracias a lo cual pudo Osiris gozar una nueva existencia en los campos de Yalu, convertido en dios de los muertos.

RA, entre los egipcios, dios del Sol, creador y organizador del universo y padre de los demás dioses, fue identificado con Horus. Todas las mañanas nacía del seno de la diosa Nut, el cielo, con el nombre de Jepara, «el que deviene», luego daba la vuelta al mundo de Este a Sur para subir luego de nuevo hacia el Este, todo ello sin dejar de luchar con la serpiente Apofis que trataba de impedir que iluminase el mundo. Al anochecer moría, y su sombra pasaba de oeste a norte y luego al oeste, para renacer finalmente por el este. Y cambiaba de barca todas las veces que abordaba las casas emplazadas en cada uno de los puntos cardinales. Reinó sobre los hombres durante siglos y por último cedió el poder a su hijo Shu.

SETH, dios del panteón egipcio, hermano de Osiris y de Isis, hijo del cielo y de Geb, la tierra; personifica las tinieblas, la sequía, el mal. Antagonista de Râ, todas las mañanas trata de evitar que aparezca, para lo cual toma el aspecto de la serpiente Apofis. Los rayos solares la destruían pero la serpiente, capaz de regenerarse, preparaba la lucha de la mañana siguiente.

Mitología **ESCANDINAVA**

BALDER, Dios escandinavo de la luz hijo de Odín y de Frigga, esposo de Nanna, vivió en armonía y feliz en su magnífico palacio hasta que empezaron a atormentarle unas pesadillas con presagios de muerte. Para hacerlo invulnerable, Frigga exigió a todos los seres animados e inanimados (el fuego, el metal, la tierra, las piedras, los minerales, los árboles, los animales salvajes y domésticos) la promesa de que nunca harían daño a su hijo. Pero olvidó una humilde planta, el muérdago o Misteltein, que crecía a poniente del Paraíso o Valhalla. Mientras los demás dioses se divertían arrojándole toda clase de objetos a Balder para poner a prueba su invulnerabilidad, el dios del mal Loki visitó a Hoder, hermano de Balder, dios ciego de la guerra, le puso en las manos una rama de muérdago y lo invitó a participar en el juego.

Al ser alcanzado por la planta Balder murió. Pese a su cólera los dioses no pudieron vengarlo, porque el Valhalla era un asilo inviolable, así que se limitaron a hacerle unos solemnes funerales al joven muerto. Pero Frigga envió al mensajero de los dioses Hermoder para reclamárselo a Hel, el señor de los infiernos, con el ofrecimiento de un rescate. Hel aceptó devolverlo a su madre con una condición, que todos los seres sin excepción debían llorar a Balder. Lo cual hicieron, excepto el gigante Tock, otro avatar de Loki, por lo que Balder permanece en los reinos de Hel hasta que sobrevenga el Gran Crepúsculo o Ragnarök. Entonces reconstruirá el cielo (Gimle) con sus hermanos y reinará allí eternamente. Balder también fue venerado entre las tribus germánicas.

LOKI. De Lohe, llamarada viva, en la mitología nórdica, germánica y escandinava Loki es el agente del crepúsculo de los dioses.
En el tiempo futuro del Hacha y de la Espada, los dioses auxiliados
por los héroes difuntos del Valhalla emprenderán una lucha final
contra los poderes del Mal, los gigantes dirigidos por Ymir, los hijos de Muspell encabezados por Loki, y Surtur con el fuego. Según
indica la etimología debió ser, en su origen, un dios del fuego derivado del indoario Agni; como tal vive todavía en el folklore de los
países nórdicos. En Noruega, por ejemplo, cuando oyen crepitar la
leña que arde en el hogar dicen que Loki está pegando a sus hijos;
en Suecia, cuando se le cae un diente de leche a un niño lo arrojan
al fuego y dicen «Locke, un diente de hueso a cambio de uno de
oro» (una moneda previamente escondida debajo de la almohada).
Pero Loki también es un trickster, un pícaro que disfruta haciendo
bromas pesadas a los demás dioses. Por librarse de un gigante em-
peñó las manzanas de la diosa Idun, que conferían la inmortalidad.
Cortó la dorada cabellera de Sif, la esposa de Thor, y sólo la cólera

de éste pudo obligarle a solicitar una cabellera nueva de oro puro, que encargó a los enanos herreros. Entró en la habitación de la diosa Freya disfrazado de mosca y la picó en el cuello para distraerla y robarle un collar fabricado por cuatro enanos que se habían cobrado como precio de su trabajo los favores de la diosa. Indispuesto con los demás dioses durante un banquete en el palacio del gigante Aegir, contó en voz alta los amoríos de todos ellos y presumió de haber tenido a todas las diosas en sus brazos, incluida la propia esposa de Thor, con lo que organizó el revuelo que es de suponer. Causó maliciosamente la muerte de Balder. Y cuando los dioses quieren vengar esta muerte y encadenan a Loki, éste escapa y va a reunirse con los gigantes y los demonios, produciéndose de esta manera el fin del mundo tal como cuenta el Volluspa, uno de los poemas de los Edda escandinavos. Loki perecerá en duelo con el dios Heimdall, lo mismo que éste y todos los demás combatientes; pero no será un fin del mundo definitivo sino una renovación, con otros dioses distintos y una especie humana regenerada.

ODÍN, el dios más antiguo de la mitología escandinava, padre de la humanidad, hijo de Borel y de la giganta Besla. Con ayuda de sus hermanos Ve y Vile sacó del cuerpo del gigante Ymer el cielo y la tierra; con la de otros dos hermanos, Hoeber y Loder, creó la primera pareja, Ask y su mujer Embla. – Odín tenía por sombrero el cielo, por capa la atmósfera, por morada el Valas-  kjalf de techo de plata, y desde su trono el Hlidskjalf veía todo el universo. Va acompañado por sus dos cuervos Hugin (la reflexión) y Mumin (la memoria), que le cuentan todo lo que pasa, y por los

lobos Gere y Freke. Son sus esposas Iord la tierra desierta, Frigg la
tierra cultivada y Ring la tierra invernal cubierta de hielo. Inventor
de las runas (a la vez mantras mágicos y caracteres de la escritura),
de la poesía, de la magia y de todas las ciencias, era también el guía
de los hombres durante su existencia, y si morían en combate los
acompañaba al Valhalla.

SIGURD, héroe de la mitología escandinava y germánica citado en los Edda, la Wölsungersage y el Nibelungenlied o «Cantar de
los Nibelungos» (donde toma el nombre de Sigfrid). En la versión
escandinava fue hijo del rey Sigmund y de Hjaerdi, y lo educó Hjael-
prek rey de Dinamarca. Del rey recibió el caballo Grabe, del herrero
Regen la espada Gram (que significa «aflicción»), con la que mató al
hermano de aquél, Fafner el dragón que guardaba el tesoro de Odín,
de Heone y de Loke (o Loki). Hecho lo cual Sigurd asó el corazón
de Fafner para comérselo; tan pronto como su lengua tocó el primer
pedazo se dio cuenta de que entendía el lenguaje de los pájaros. De
esta manera supo que Regen conspiraba para matarlo. Tras acabar
también con éste, se apoderó del tesoro y se encaminó al castillo
de la walkiria Segerdrifva, a la que sacó de un sueño mágico, y ella
le enseñó a interpretar las runas. Luego se prometió con Brunhilde
pero la dejó para visitar al rey Gujke, donde bebió el brebaje mágico
preparado por la reina Grimhild, por lo que olvidó totalmente a su
prometida y se casó con Gudrun la hija de Gjuke. Revestido de las armas de su cuñado Gunnar atravesó las llamas para ir a reunirse con
Brunhilde, que estaba a punto de casarse con Gunnar. Sin embargo Gudrun le reveló a la joven que había sido engañada por Sigurd
e incitó a sus hermanos para que matasen a su marido. Sigurd fue
muerto por Guttorn, y Brunhilde se arrojó a la pira donde se consu-
mía el cadáver, para acompañar al héroe hasta en la muerte. – En la
versión germánica que es la más conocida entre nosotros gracias a
la Tetralogía de Richard Wagner, Sigfrid es hijo del amor incestuoso
de los hermanos Sigmund y Siglind, hijos de Wölsung. Recogido por

el enano Mime para servirle de instrumento en el proyectado robo del anillo mágico que convierte en rico y poderoso a quien lo posee, mata al dragón Fafnir y se apodera del anillo, además de bañarse en su sangre para hacerse invulnerable; pero durante esta operación le cae una hoja de tilo en la espalda y queda dicho lugar sin protección (como el talón de Aquiles). Enamorado de Krimhilde, hermana de Günther rey de los burgundos, consigue que éste conquiste a Brunhilde reina de Islandia: haciéndose pasar por Günther atraviesa el círculo de fuego en cuyo interior se ha encerrado la virgen guerrera. Con lo cual consigue la mano de Krimhilde, pero cuando Brunhilde se entera de la sustitución de que ha sido víctima trama la muerte de Sigfrid con el traidor Hagen von Tronje; luego Sigfrid será vengado por Krimhilde.

WALKIRIAS

o Valkirias, mensajeras de Odín en la mitología escandinava, mujeres guerreras que precedían a los combatientes en las batallas, decidían la suerte que correspondía a cada uno y transportaban al Valhalla los valientes. Las imaginaban como mujeres a caballo, de una belleza deslumbrante, recubiertas de espléndidas armaduras y rodeadas de nubes, todo ello con el fin de suscitar en los soldados pasiones ardorosas aunque conducentes a un desgraciado final. La Walkiria, célebre drama musical de Richard Wagner representado por primera vez en Munich (1870), se basa en la leyenda siguiente: Brunhilde, la mayor de las nueve walkirias, hija del dios Wotan, quiso salvar al héroe Sigmund en contra de la voluntad de su padre; en castigo éste la rebajó al grado de simple mortal. Para que no se convierta en esposa de Sigmund, la duerme sobre una roca rodeada de una cortina de llamas, que sólo el héroe verdadero será capaz de atravesar. Lo cual realiza Sigfrid, el hijo póstumo de los hermanos Sigmund y Siglind.

Mitología **INCA, MAYA Y AZTECA**

AHAU, dios supremo de los mayas que reina sobre un Cosmos formado por el cielo, con nueve niveles superpuestos, y sostenido por cuatro dioses o Bacabs asociados a los puntos cardinales. Debajo, la tierra cuadrada se compone de nueve planos superpuestos, orientados según dichos puntos y asociados a otros tantos colores (rojo, Este; amarillo, Sur; blanco, Norte; y negro, Oeste). En el centro el árbol sagrado, la ceiba (una especie de algodonero silvestre), homólogo del árbol del paraíso hindú «que satisface todos los deseos».

HUITZILOPOCHTLI

la divinidad principal del panteón azteca, dios del sol y del fuego, tenía poder sobre la guerra y la caza. Su templo era el centro de la religión y el lugar donde se celebraban los sacrificios humanos.

MIXCOATL, la Serpiente-Nube, dios de la guerra y la caza en el panteón azteca. Fue el padre de las estrellas, creó la Vía Láctea, e incluso a veces se le atribuyó el haber enseñado a los humanos a hacer fuego. También fue el patrón de muchas regiones de México. Sin embargo, el hecho de que el Imperio Azteca estaba compuesto por muchas regiones y grupos diferentes significaba que Mixcoatl no era universalmente reconocido como uno de los dioses más importantes del panteón.

QUETZALCÓATL, la Serpiente Emplumada, dios solar del panteón mexicano, patrono de los nobles y los guerreros cuya juventud debía renovarse por medio de sacrificios humanos para que pudiera continuar su carrera celeste (de ahí que los eclipses provocaran terror en aquellas regiones, como también sucedió en China

y en Caldea). Estaba en lucha constante con Tezcatlipoca la antigua divinidad tribal de los toltecas luego adoptada por los olmecas (pueblos anteriores a los aztecas). Pasaba por ser un demiurgo, ya que descendió a los infiernos para robar las osamentas de los difuntos, con las que formó nuevos hombres infundiéndoles vida mediante su propia sangre. Representado en figura de serpiente emplumada, o de anciano con máscara.

XIUHTECUHTLI, el Señor del año y del fuego, dios del fuego en el panteón azteca, se le representa con una mitad de la cara roja y la otra mitad negra, coronado por dos cañas y una mariposa que simboliza el titubeo de la llama.

XOCHIPILLI, el príncipe flor, dios de la danza, del amor, de los cánticos y de los placeres en el panteón azteca.

XOCHIQUETZAL, la flor preciosa, diosa de las flores, del amor, de la fertilidad, de los embarazos y de las artes domésticas, esposa de Tlaloc y madre de los gemelos Quetzalcóatl y Xolotl, fue raptada por Tezcatlipoca. La representaban con un tocado de dos plumas de quetzal y vistiendo una especie de falda a cuadros.

Mitología VÉDICA y mitología HINDÚ

ADITI, diosa madre de la mitología védica que según el Rig Veda simboliza la fuerza generadora de la naturaleza, la vida latente a punto de nacer y la ya nacida, lo indiviso e indivisible por oposición a lo dividido y a la división. Es la madre de los doce Adityas, dioses superiores que representan las doce formas solares a las que prestan nombre. Entre éstos, Varuna el todopoderoso, Bhaga, Mitra y Aryaman. Representada por la Vaca mística que no puede ser muerta, Vaca lechera (dhenu) cuya leche son los siete ríos, o Vaca de luz (go) cuyos hijos son las Auroras... que la traen para que se manifiesten los mundos. En el budismo auxilia a Buda en su lucha contra el tentador Mara que impide la meditación y por consiguiente, la iluminación. Más adelante aparece una hermana y rival Diti o Danu, símbolo de la separación, de la dualidad, de la ignorancia por oposición al conocimiento. Diti es la madre de las potencias de las tinieblas... que se manifiesta en el principio Tierra y domina los planos inferiores de la existencia... Pero Aditi... la controla y la penetra, y ambas son necesarias.

BRAHMA, neutro, dios del panteón hindú, creador del mundo y de los dioses, de los hombres y de todo lo que existe. Encarnación del alma universal, principio único y polimorfo, constituye con Vishnú y Shiva una trinidad o trimurti de la que él es elemento principal.

KÂLI-DURGA, la diosa madre de los hindúes también llamada Uma «la luz», Devi «la diosa», Parvati, Kali «la negra», o Maha-Kali «la gran Kali», esposa de Shiva, sus shakti figuran el aspecto femenino de la creación. Es descendiente de una Tierra Madre pre-aria, diosa de la fertilidad que personificaba la potencia procreadora femenina adorada en los cultos de las divinidades aldeanas. – En su aspecto benévolo era dispensadora de vida, ya que favorecía la concepción, dirigía el crecimiento vegetal y encarnaba «el perpetuo estado de renovación de la fuerza cósmica». Por el contrario, en su aspecto nefasto era símbolo «de la fuerza destructora universal» identificada con la maléfica Grama-devata capaz de destruir el universo. Es eterna como el tiempo y como la atemporalidad o Akalé, es negra porque el Tiempo no tiene color, indomable, espantosa por sus cóleras, «dirige la pasión del conocimiento, la perfección del amor, la temeridad de la sabiduría».

KRISHNA, el negro, octavo avatar de Vishnú, hijo de Devaki y de Vasudeva. El oráculo predijo que sería autor de la muerte de su tío Kamsa tirano de Mathura, por lo cual éste dio orden de asesinar a todos los niños varones nacidos en determinada fecha. Pero Krishna se salvó de la matanza y fue confiado al pastor Nanda. Durante

toda su infancia fue perseguido por los demonios amigos de Kamsa:
una serpiente que intentó ahogarlo mientras dormía y que el niño
prodigio estranguló con las manos; el demonio hembra Ponta que le
daba a beber leche envenenada; un buitre que trataba de picotearlo,
al que despedazó. Como Hermes, fue un niño turbulento, malicioso
y algo ladrón. Llegado a la edad adulta guardó los rebaños de su
preceptor y sedujo a los demás pastores con el son armonioso de su
flauta (como Apolo), al tiempo que cobraba fama por su habilidad
y su fuerza, con que libró al país de numerosos malhechores que
hacían estragos. Cuando Kansa le tendió una trampa con ocasión de
unos juegos circenses, él exterminó a todos sus esbirros con ayuda
de sus amigos los pastores, mató al rey y restableció en el trono al
padre de éste, Ugrasena. Luego se enfrentó con Jâra-Sandha, rey de
Maghada y cuñado de Kamsa, en dieciocho batallas; derrotado, se
retiró al Gudjerat y fundó la ciudad de Dvârakâ. Allí recibió la visita

de Arjuna, el héroe del Mahâbhârata, casó con la hermana de éste, Subhâdra, y ambos se aliaron contra sus enemigos. Terminada la guerra, regresó a Dvârakä, extendió sus fronteras, civilizó a su pueblo y murió de un flechazo disparado por Jaras, un cazador torpe que lo confundió con un venado.

LAKHSMI, divinidad del panteón hindú, esposa de Vishnú, es la fuerza y el poder de éste y se metamorfosea en Radha para unirse con Krishna, un avatar de su esposo.

PARVÂTI, diosa del panteón hindú, una de las esposas de Shiva; personifica las energías activas de este dios. Era hija de Hirnâ vât (el Himalaya) y madre de Ganesha, el dios de la sabiduría. Es el símbolo de la naturaleza productiva, en oposición con el elemento destructor encarnado por Kâli-Durga, Kâti y Devi.

SARASVÂTI, diosa del panteón hindú, esposa e hija de Brahma, considerada como la madre de la humanidad, la diosa de la elocuencia, de la ciencia y de todas las artes. La iconografía la representa unas veces acompañada de su divino esposo y otras sola; en sus cuatro manos lleva un libro, una flor, un rosario y un tambor, a veces una lira.

SHIVA, divinidad hindú que tomó prestados los rasgos de Rudra, dios védico del fuego y la tormenta destructores. Al mismo tiempo es un creador representado por el lingam o falo sagrado, y dios de los sacrificios que enseña a los ascetas la penitencia, el ayuno, las mortificaciones y la meditación abstracta (samadhi) que conduce a la unión con la divinidad. Se le representa con forma humana y una, tres o cinco cabezas, con el tercer ojo en la frente; o bailando dentro de un círculo de llamas, a veces en figura de andrógino, la mitad femenina al lado izquierdo y la masculina al derecho.

SITÂ, diosa del panteón hindú, esposa de Râma y heroína de la epopeya Râmâyana; nació del surco hecho por el arado del rey Djanaka (o sería hija del mencionado rey). Râma desposó con ella tras quedar vencedor en un torneo.

VEDAS, el conocimiento, son los libros sagrados de la mitología hindú, a saber el Rig Veda o «libro de las Estancias», el Sama Veda o «libro de los Cantos», el Yajur Veda o «libro de las Fórmulas sacrificiales», y el Atarva Veda, más tardío y de un carácter popular, que contiene de todo lo anterior más recetas mágicas y medicinales.

VISHNÚ, proteico dios del panteón hindú, al que hallamos representado bajo veinticuatro apariencias diferentes o avatares: pez, tortuga, jabalí, héroe gigante, enano, a fin de organizar el mundo, luchar contra los kshatrias, contra el demonio Ravana, destruir a Kamsa y terminar con los sacrificios sangrientos. Su último avatar será Kalkin y sobrevendrá al término de la era actual, en que serán premiados los merecedores y castigados los malhechores.

Bibliografía

Burkert,Walter. *La religione greca di epoca arcaica e classica,* Milano, Jaca Books, 2003.

Carl G. Jung y Kàroly Kerényi. *Prolegomeni allo studio scientifico della mitologia, Boringhieri,* Turín. 1972.

Champeaux, J. *La religione dei romani,* Il Mulino, Bolonia, 2002.

Domingo, J. *Grandes leyendas y mitos de la Antigüedad,* Ediciones Martínez Roca, Barcelona. 1969.

Ferrari, A. *Dizionario di mitologia greca e latina,* Torino, UTET, 1999.

Foley, John Miles. "Homeric and South Slavic Epic", *Homer's Traditional Art,* Penn State Press, 1999.

Grigorieff, Vladimir. *Mitologías occidentales,* Ediciones Robinbook, Barcelona, 1998.

Grimal, Pierre. *Mitologia,* Garzanti, 2001.

Grimal, Pierre. "Argonauts", *The Dictionary of Classical Mythology,* Blackwell Publishing. 1986.

Julien, Nadia. *Enciclopedia de los mitos,* Ediciones Robinbook, Barcelona, 1997.

Kerényi, K. *La religione antica nelle sue linee fondamentali,* Astrolabio, Roma, 1951.

Dioses, héroes,
semidioses y monstruos

Alessandra Bartolotti

Mitología griega y romana

Un viaje fascinante por los símbolos
y mitos de la cultura grecorromana

El sentido místico y religioso
las antiguas culturas a través
sus narraciones míticas y
legendarias.

Los dioses, héroes y narraciones
legendarias de la mitología
celta y nórdica.

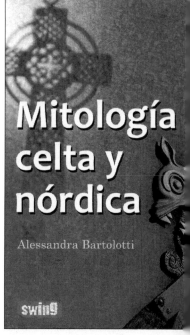

Mitología celta y nórdica

Alessandra Bartolotti